売掛金完全回収

回収なくして販売なし！

実務と与信ルール

得意先の日常管理から いざというときの対処法まで

与信管理コンサルタント
中小企業診断士
小野寺 勇史郎

ロギカ書房

はじめに

　「販売なくして企業なし」は、昔からのテーマです。今日では、「回収なくして販売なし」からさらに「法律なくして完全回収なし」の時代になっています。この傾向はますますはっきりしてきています。「企業」ということばは、読んで字のごとく、「業を企てる」ことです。企てとか計画には、挫折・失敗・見込み違いは、つきものです。したがって、企業にはつねに倒産の危険が内在している、といっていいでしょう。

　主要な得意先が倒産し、売掛債権が焦げ付き、受取手形が不渡りになれば、自社もまた倒産の危機に見舞われます。商取引には、危険がいっぱいなのです。このような危険の発生を予防し、万一、危険が発生した場合には、そこから生ずるダメージを最小限に食い止めることを日ごろから心がけておかなければなりません。それが、危険管理（リスク・マネジメント＝RISKMANAGEMENT）です。

　危険管理は、いろいろな次元で考えることができます。防衛問題は国家の、雇用保険は社会の、損害保険・生命保険は個人の、それぞれのレベルの危険管理です。それでは、企業レベルの危険管理とは、なんでしょうか。それは、売掛金・未収金の焦げ付きをいかにして予防するか、不幸にして発生してしまった焦げ付きや不渡りをいち早く、より多く、費用をかけないで安く確実に回収するにはどうしたらよいか、ということです。万全な危険管理を行うには、法律や経営の知識はもちろん、タイミングのよい的確かつ客観的な判断が必要になります。

　この時期、経理責任者や営業マネージャーに売掛金を完全に回収するために実務から見直していただきたいことがあります。また、電子商取引が進む中で自社の与信管理システムも見直しです。例えば、①与信管理規程の見直し、②得意先との基本取引契約書の見直し、③営業担当者ができる得意先の信用調査の方法を見直し、④売掛金期間・手形サイトの短縮化を図る、⑤キャッシュフローを改善するために現金取引の拡大

を図る、⑥債権の不良化防止のための勉強会を実施、新入社員にも周知徹底を図る、などです。

　本書は、このような課題に早期に着手し、実現を図るための手引きとなることを期待して執筆したものです。筆者は、与信管理コンサルタントとして、企業の経営管理や営業部門の営業力強化指導に携わっています。売掛金管理および完全回収はどう進めたらよいのか、危険な兆候が出たときの相談や倒産前に完全回収するにはどうするか？の問い合わせが多くあります。本書は、代金回収の相談やセミナーで多くとりあげられるテーマや課題に焦点をあてて、実務に役立てられるようにしました。あえてチェックリストや管理帳票、フォーマットなどを多く取り入れました。これらの資料を自社の業務形態にアレンジして売掛金完全回収のヒントにしていただければ幸いです。

　2019 年 9 月

小野寺 勇史郎

目次

はじめに

第1章 売掛金回収ができる会社は強い会社

1 売掛金回収ができる会社はこれを実行している …… 2
- 信用調査により得意先を選択している 3
- 取引条件をはっきりと明示している 3
- 同時履行の抗弁権を活用している 6
- 的確な予防策を講じている 6
- 請求手続きを迅速に行なっている 6
- 取引撤退のタイミングを良くみている 7
- 売掛金回収の手順が社内で周知徹底されている 7

2 売掛金完全回収システムが機能している …… 10
- 経営管理のサブシステムとして機能化している 10
- 販売管理や財務管理と密接な関係がある 12
- 取引全体の安全確保を目的としている 12
- 営業部門の行過ぎを牽制する 12
- 営業部門との密な連携を図る 13
- 日頃からの心がけを大切にする 13

- 営業担当者の意識改革を管理部門がリードする　13
- 不良債権化した事例をナレジマネジメント化する　14

第2章
売掛金の未収がなぜ発生するのか

1 景気の動向よりも 社内体制の不備が原因だ ……………………… 16
- 不適切な営業方針や営業戦略が影響している　17
- 与信管理制度の運用の遅れが影響している　17
- まちがった職務設定が影響している　18
- 売掛金管理に関する社員教育の遅れが影響している　18

2 得意先の変化に 気付いていないのが原因だ ……………………… 21
- 得意先の危険兆候を察知する仕組みがない　21
- 内部情報から変化に気付いていない　21
- 外部情報の資料を活用していない　27

3 売掛金の未収は 4つの力不足から起きる ……………………… 28
- 完全回収の成功の法則はあるのか　28
- 焦げ付きの4大原因　28
- 「焦げ付き防止」の連動性がたいせつ　29

4 自社の売掛金管理を 診断してみよう ……………………… 32

第 **3** 章
売掛金回収の与信管理規程の作り方

1 与信管理規程集とは
何か 36

2 与信管理規程集の
重要な項目 38

- 与信管理規程の構成はこうなっている　38

- 与信管理規程は使いやすいものがいい　40

- 社内の権限規程との連動性　45

3 与信管理規程の
運用マニュアルも作ろう 47

- 管理部門において運用マニュアルを作ります　47

- 運用マニュアルの構成はシンプルにする　49

第4章
調査力不足対策

1 取引前の
信用調査を行なう 54

- 新規得意先を決めるまでにはどんな調査が必要か　54

- 取引の限度額を決めておく　57

- なぜ取引するのかその動機を探ります　57

2 新規得意先の
信用調査の上手なすすめ方 61

調査を始める前にこれだけは知っておく　61

信用調査をすすめるにあたっての留意点　62

調査の資料と種類にはどんなものがあるか　62

定性調査が必要な項目と押さえておくべきポイント　64

調査結果の分析・判断はこうすすめる　70

定量分析は数字で判断します　77

3 管理部門だからこそ客観的な調査を行なう　80

政策判断は経営者に任す　80

登記事項は客観的な情報を提供してくれる　81

調査機関に依頼するときはこうする　82

業種別・業態別調査のポイント　82

4 与信限度額の設定方法と与信管理のポイント　87

自社に合った設定方法を採用すること　87

与信限度額はこうして設定する　90

最近よくみかける与信限度の設定方法　92

与信管理はここを押さえておけば大丈夫　92

5 危ない会社を見分ける観察・ヒアリング調査ポイント　94

第5章
契約力不足対策

1 契約意識が低く古くからの商習慣では
売掛金は焦げ付く ……………………………108

2 取引基本契約書の結び方と
契約書の作り方 ………………………………111

   口約束も契約だが明文化すると安心 111

   契約は万能ではありません 111

   契約書の特約事項をおぼえておこう 116

   契約書をつくる際にはここに注意しておこう 118

3 売掛金回収に有利な
公正証書はこうしてつくる ……………………122

   すぐに強制執行できる 122

   スピーディに代金回収を図れる 122

   委任状があれば代理でもできる 125

   公正証書は公証人のいる公証役場へ
頼みに行って作成してもらいます 126

4 取引条件が変化したときには
公正証書にする ………………………………130

   買手が、もう少し支払いを待ってくれといったら 130

   支払猶予の契約を結ぶ 130

   遅延損害金についても記載する 131

   代金支払約定書を取っておく 131

5 代金回収に有利な
個別契約をつくる ……………………………………135

🧍‍♂️? 取引基本契約書がないときはこうする　135

🧍‍♂️? 注文書はトラブル防止の資料　135

🧍‍♂️? 注文請書の裏を活用する　136

第 **6** 章
処置力不足対策

1 売掛債権の
保全処置が第一だ ……………………………………142

🧍‍♂️? 黄色信号がでたら請求、催促、商品引き揚げなどの
検討を始める　142

🧍‍♂️? 残高確認と納入方法を見直すこと　142

🧍‍♂️? まず文書で催促する　143

🧍‍♂️? 商品引き揚げを検討します　143

🧍‍♂️? 「相殺」の手段を有効に活用する　144

🧍‍♂️? 相殺の手続きのしかたはこうする　147

🧍‍♂️? 相殺通知の書き方はこうする　147

2 現金で回収できなければ
「代物弁済」で回収する …………………………149

🧍‍♂️? 念書をもらって代物弁済させる　149

🧍‍♂️? 不動産は登記を忘れずにしておくこと　151

3 「代理受領」の
手段をつかう ……………………………………………152

- 委任状をもらう　154
- 受領証を預かっておく　155

4 「債権譲渡」をスムーズに すすめるにはこうする　156
- 通知は内容証明郵便で行なう　158
- 債権譲渡通知書の書き方　158

5 担保には どんな種類があるか　160
- 人的担保とは　160
- 物的担保とは、　160
- 人的担保では不安がある　161
- 物的担保には物の裏付けがある　162
- 個人保証とは何か　162

6 商品の引き揚げは どんな手順でやればよいか　163
- 商品引き揚げには2つの態様がある　163
- 自己売り商品の返品が基本　165
- 合意解除が理想　165
- 得意先の代表者を相手とし、必ず書面にする　166

第 **7** 章
連携力不足対策

1 代金の回収モレは
なぜ発生するか ……………………………………168

🧍❓ 社内的要因による回収モレがかなりある　170

🧍❓ 得意先に起因する回収モレもある　171

2 売上の計上時期のルールは
正しいか ……………………………………………173

3 回収モレを出さない
請求システムはどうする ………………………176

🧍❓ 売掛金の記帳・記録はどうなっている　176

🧍❓ 営業部門との連絡モレを防止する　177

🧍❓ 請求締日を見直してみる　180

🧍❓ 取引内容に応じた請求方法にする　180

4 営業部門との密な連携プレーで
完全回収をすすめる ……………………………182

🧍❓ 営業任せの回収では実効は上がらない　182

🧍❓ うまく連携すること　183

5 得意先との
連携をはかる ……………………………………185

🧍❓ 定期的に得意先と残高確認を行なう　185

🧍❓ 売掛金元帳の照合は次の手順で進める　185

🧍❓ 得意先へ残高確認書を提出する　186

6 信用調査機関との連携と
信用調査依頼はこうする ……………………189

  ？ 客観的な調査資料が参考になる　189

  ？ 調査機関に依頼を出す際の注意事項　190

第**8**章
完全回収の1週間プログラム

1 「初期対応」が
完全回収の行方を左右する………………………194

2 売掛金完全回収のための
1週間のアクションプログラム ……………197

  ？ 支払期日（当日・1日目）にやるべきこと　197

  ？ 1日目の夕方にやるべきこと　199

  ？ 2～3日目にやるべきこと　200

  ？ 4～6日目にやるべきこと　202

  ？ 7日目にやるべきこと　204

あとがき

第1章

売掛金回収ができる会社は強い会社

1 売掛金回収ができる会社はこれを実行している

売掛金の代金回収をスムーズに行えるかどうかは、取引をする者にとって非常に重要な問題ですが、実際にはいろいろと困難なケースがあります。得意先が倒産した後から代金を回収することは、いかに優れた債権回収技術を駆使しても、大変な労力と費用を伴います。また、たとえ債権の全額を回収できたとしても、結局は損害を被ることも多いでしょう。金利等を含めた債権全額を回収することは至難の業です。さらに担保があっても、不動産等の担保については、換価して回収できるまでに相当の時間がかかることがあります。このようなことから考えてみると、売掛金の未回収による焦げ付きは企業にとって大きなマイナス要素です。したがって、焦げ付きを起こす可能性のある得意先との取引は避けたほうがよいことになり、そのために得意先の調査が必要になるわけです。

売掛金回収ができている会社は次のことを忠実に守って実行しています。

債権
ある人（債権者）が他の人（債務者）に対して、一定の財産上の行為（給付）を請求することができる権利。

信用調査により得意先を選択している

　売掛金回収ができる会社は、取引を開始する前に必ず相手の信用調査をし、安全な相手と危ない相手を選別しています。これは常識的なことのようですが、販売促進に力が入れられている場合、取引を拡大することをあせるあまりおろそかになりがちです。

　信用調査には質のよい情報が多量に必要です。営業担当者の得意先の聞き込みのほかに、信用調査機関の信用調査をもあわせて利用します。すでに取引のある相手についても、半年に一度、定期的に信用調査機関の調査報告書を検討する必要があります。その場合は、会社では、最近大手の信用調査機関を複数利用している場合ありますので、信用調査機関によって得意先を観る視点が少し違います。定期的に信用調査機関を変えた方がいいのです。

取引条件をはっきりと明示している

　取引にあたっては、①締切りおよび支払期日、②現金か手形か、両者ならその比率、③手形サイト、④全額払いか、⑤リース取引か、などの条件を明らかにし、できるかぎり契約書にしています。

　売買契約は、売主が財産や権利を「売ろう」と申し込み、買主がそれに「買いましょう」と承諾をすれば成立する契約で法律的には契約書をつくる必要はないのですが、紛争の予防のためには契約書を作成しています。

> 売買契約は、売主が財産や権利を「売ろう」と申し込み、買主がそれに「買いましょう」と承諾すれば成立する契約で、法律的には契約書を作る必要はない。しかし紛争の防止のためには契約書を作成しておきたい。

図表1-1
売掛金回収ができる会社の7つのポイント

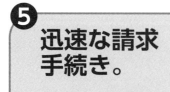

同時履行の抗弁権を活用している

約束の支払期日に支払わない相手には、次の納入をさしひかえています。「前回の代金と引きかえでなければ、次回の商品を納入しません」という同時履行の抗弁権が売主には認められています（民法533条）。

的確な予防策を講じている

支払意思はあるが支払えない得意先には手をさしのべるなどの、的確かつ意図的な予防策講じている。例えば、不良債権化を予測して得意先から商品を買い、代金を相殺する準備をしている（民法505条）、代金の一部を代物弁済として代わりの物（価値ある動産・不動産）で受けとる（民法482条）いった工夫をしています。

請求手続きを迅速に行なっている

請求の遅れは売掛金回収の遅れにつながります。規則的に請求手続きを迅速に行います。取引は原則として、①契約の成立、②物の引渡し、③支払期日の到来、④代金の回収という4段階をふみます。

支払期日の前に日を決めて請求しなければなりません。例えば、締切日の翌日には必ず請求書を発送します。

相殺

2人以上の者が互いに相手方に対して同種類の債務を負担している場合において、双方の債務が弁済期にある場合に、一方の者が他方の者に対して意思表示によって債務の対等額でこれらを消滅させること。

第 1 章　売掛金回収ができる会社は強い会社

取引撤退のタイミングを良くみている

　支払能力はあるのに支払意思のない得意先には、見切りをつける撤退のタイミングが絶妙です。深追いは大ケガのもとになります。

　この場合は、①書簡による催告、②内容証明郵便による催告、③弁護士への取立て委任、④仮差押え・仮処分などの保全手続き、⑤本訴による本執行といった手順をふむことになります。

売掛金回収の手順が社内で周知徹底されている

　売掛金回収ができる会社は、ここまでは自社できるが、ここから先は顧問弁護士に任せるという手順ができています。図表1－2のような手順ができていて、各部門長をはじめ営業担当者まで周知徹底されています。例えば、支払期日を20日過ぎたら残高を確認するとともに次回の納品を実行するか否か、納品するとすれば、未払代金と引きかえ（同時履行）にするか否かを営業担当者と検討する体制ができています。

内容証明郵便
内容証明郵便は「いつ、いかなる内容の文書を誰から誰宛に差し出されたかということを、差出人が作成した謄本によって郵便局が証明する郵便」。

図表1－2
代金回収の社内手順例

代金回収遅れ日数	対　処　項　目	備　　考
15日	「債務残高確認書」の郵送 得意先に対して、得意先自身の持つ支払債務を認識させるため、また債務を承認させて事項を中断させるため郵送する。	普通郵便
25日	「督促状」の郵送 訴訟になった場合に得意先に着いた日付を明らかにするために配達証明付きにする。	配達証明付内容証明郵便
35日	「催告状」の郵送 「督促状」に応じてもらえなかった証として、2度目も配達証明付内容証明郵便で郵送する。	配達証明付内容証明郵便
45日	契約解除による商品の引き揚げ 得意先と合意解除により、自社商品を返品扱いで得意先の担当者の立会いの下で引き揚げを実施する。	得意先立会い相談後
55日	仮執行宣言付支払命令の申立て 相手方の住所または自社の営業所の所在地を管轄する簡易裁判所に資料を提出する。	顧問弁護士に依頼

　上記の手順は10日間ごとにアクションを起こすような手順である。これは、得意先に危険信号がかなり出だしたときや売掛債権が滞留しそうな状況が見受けられたときのもの。

第1章　売掛金回収ができる会社は強い会社

　また、督促状をハガキまたは普通郵便で出します。さらに、催告書を
配達証明付内容証明郵便で出します。訴訟になった場合、得意先につい
た日を明らかにするために配達証明付きにした方がよいのです。

　次に相手方と相談のうえ納入した商品の引き揚げを行います。しかし、
相手が金額は争わないが、支払いをしぶっているようなときは、相手方
の住所または営業所の所在地を管轄する簡易裁判所に仮執行宣言付支払
命令を申し立てます。この段階から顧問弁護士に依頼します。

　このように売掛金回収ができる会社は、顧問弁護士に依頼するまでは、
自社でしっかりと代金回収できる体制を整えています。

督促状と催告書の違い

督促状は「支払いの催促」もしくは「請求書」。返済が滞って初期段階の督促状は、
文面もそれほど厳しいものではなく、返済を促す文面となっている。しかし、催告書
は「支払いを迫る通知書」といった意味。「○年△月×日までに返済がない場合には、
法的手段等による解決を図ります。」といったような、強硬な大変厳しい文面となっ
ている。

9

2 売掛金完全回収システムが機能している

 経営管理のサブシステムとして機能化している

　経営管理とは、企業の経営資源である人・物・金などを合目的的に組み合わせて、合理的に管理する機能であり、それはどの企業でもいくつかのサブシステムを包括したトータルシステムとして形成されています。売掛金管理・回収はそのトータルシステムの中の1つのサブシステムと考えられます。

　したがって、経営管理を経営の全体管理と位置づけるとすれば、売掛金管理は部門管理（分野管理）といえます。

経営管理
企業の経営資源であるヒト・モノ・カネなどを目的に合うように組み合わせて、合理的に管理する機能であり、それはどの企業でもいくつかのサブシステムを包括したトータルシステムとして形成されている。

第1章　売掛金回収ができる会社は強い会社

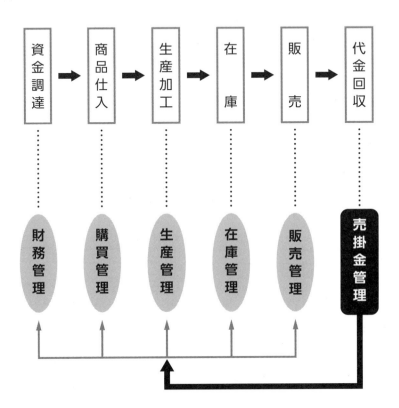

図表1−3
売掛金管理は経営管理のサブシステム

　売掛金管理によって販売代金が確実に回収されることで、資金の調達計画、商品の仕入代金の支払い、製品の生産加工に伴う諸経費の支払い、また、在庫の確保、商品の販売の推進を円滑に行うことができる。

販売管理や財務管理と密接な関係がある

　売掛金管理・回収は、それ自体独立の目的と機能をもっており、販売管理からも財務管理からも独立した1つの部門と考えるべきです。
　ただし、売掛金管理・回収は販売や財務の管理対象分野の一部を共有していますので、販売管理および財務管理と密接な関係があるといえます。

取引全体の安全確保を目的としている

　企業活動の取引過程には、一連の流れがあります。売掛金管理は、その取引過程全体の安全を確保することを目的としています。
　したがって管理すべき範囲は、取引過程全体に及ぶ必要があり、単に得意先の信用調査や与信限度の設定などの個別的管理業務だけを行なっていればよいわけではありません。

営業部門の行過ぎを牽制する

　売掛金の未回収・貸倒れは、営業部門による信用取引の行過ぎの結果発生するケースが多いものです。したがって、売掛金の未回収・貸倒れを防止する方法としては、「代金を回収できない得意先には商品を売らない」ということにつきるわけです。その意味でいえば、売掛金管理には自律的で適切な統制機能をもって取引の牽制・抑制を行い、未回収・貸倒れの発生を防止できる仕組みにしておくことが必要です。

売掛金とは、簿記会計では得意先に商品や製品を掛売りした場合の売掛債権をいうが、本書でいう売掛金の範疇は、得意先に役務やサービスを提供した場合に生じる未収債権も含めている。

第1章　売掛金回収ができる会社は強い会社

営業部門との密な連携を図る

　売掛金管理は、新規の得意先や継続得意先の管理を対象としていますが、管理活動そのものは社内での対応を組織的かつ制度的に行なっていかなくてはなりません。繰り返しになりますが、営業部門は販売することだけを考えるのではなく、代金を回収するまでが営業活動であることを認識することです。また管理部門は、営業担当者に対する売掛金回収教育も含めた管理体制をつくる必要があります。

日頃からの心がけを大切にする

　営業担当者としては、代金を確実に回収しなければならないわけですが、そのためには、自社の"売掛金完全回収システム"を意識して日頃から得意先との売掛金（債権）金額や売掛金残高を明確に把握しておくことが必要です。しかも未回収等のトラブルを起こしてからでは、得意先の協力も得られません。

　したがって管理部門は、取引がスムーズに行っているときにこそ売掛金管理・回収を十分に心がけておくことが大切なわけです。

営業担当者の意識改革を管理部門がリードする

　確実な売掛金回収のために得意先同士がスムーズに行っているときには、営業担当者としては何の心配もありません。しかし、取引が順調に行っているときにこそ、実は売掛金管理・回収を十分に行なうことが必

> 繰り返しになるが、営業部門は販売することだけを考えるのではなく、代金を回収するまでが営業活動であることを認識しておく。

要です。それをリードするのが、経理部など管理部門の役割なのです。

？ 不良債権化した事例を ナレジマネジメント化する

　今現在、売掛金回収ができる会社も一朝一夕にこの体制ができたわけではありません。過去の不良債権化した事例を集めて、その原因を分析して自社に合った売掛金回収対策を構築できるようにしておきます。いわゆる、売掛金管理のナレジマネジメントの構築です。それを機能に仕組み化したのが「売掛金完全回収システム」です。

　是非、自社独自の「売掛金管理システム」を構築してください。

取引が順調に行なわれている時こそ、売掛金管理・回収を完全に行なうことが必要である。

第2章

売掛金の未収がなぜ発生するのか

1 景気の動向よりも社内体制の不備が原因だ

　未曾有の不景気の中で不況型の倒産が数多く発生しています。そのため各企業の経営者は売掛金の焦げ付きを恐れるあまり、得意先に少しでも悪い噂がでれば取引を厳選するなど営業活動に過敏になる傾向があります。

　営業部門は「売上は伸ばせ！」一方では「売掛代金を滞留させないように注意しろ！」という二律背反とも言える要請の中で日夜奮闘しています。焦げ付きの現象としては、景気が悪化したことによって不良債権が増加していますが、不良債権の発生は景気動向よりも社内体制の不備の方に原因があります。景気の動向に関係なく、売掛金を完全に回収をしている企業があるからです。

　焦げ付きの多い企業は、景気のよいときに売掛金管理・回収のための社内体制づくりとその強化を怠っていたツケが、いま回ってきているのです。

　例えば、次のようなことが大きく影響しています。

不良債権の発生は景気動向よりも社内体制の不備に原因がある。景気の動向に関係なく売掛金を完全に回収している企業がある。

第2章 売掛金の未収がなぜ発生するのか

不適切な営業方針や営業戦略が影響している

　不適切な営業方針や営業戦略にもとづく営業活動が焦げ付きを発生させています。例えば、市場に対して競争力のない商品やサービスを無理に販売・提供しようとすると、得意先を選別する余裕もないために、代金の回収が順調にいかなくなっています。また、とにかく受注目標を達成することが至上命令となって得意先の信用調査などはまったくせずに売込みを行なわせている。

与信管理制度の運用の遅れが影響している

　与信管理体制はあるいが運用されていないことにより焦げ付きが発生します。また、与信管理制度についての制度化が全社的に遅れている場合もあります。

　例えば、管理部門で弁護士や経営コンサルタントなどの有識者を呼んで与信管理規程を検討し名文化されていても、営業部門が与信管理制度を充分に理解納得できていないと絵に描いたモチで終わってしまいます。営業部門では、管理部門がまた、面倒な仕組みを作ったと思い、非協力的です。このような事例を多く見かけます。

　営業部門が信用状態に合わせた与信管理制度を適切に運用していない場合に焦げ付きが発生しています。また、得意先の信用状態に問題が発生したときに迅速、的確に対応する社内の体制が確立されていないと、毎日得意先を回っている営業担当者が得意先の危険な兆候に気付いても、対応が遅れて焦げ付いています。

> 営業部門が得意先の信用状態に合わせた与信管理制度を適切に運用していない場合に、焦げ付きが発生する。

17

まちがった職務設定が影響している

　営業部門に対する経営幹部の姿勢も売掛金の焦げ付きの原因となりやすいところがあります。例えば、「営業担当者は売ることに専念すればよい！」とし、「代金の回収は経理部や管理部門の仕事だ！」などと経営幹部が営業担当者や経理担当者の役割を職務設定してしまうと、営業担当者は得意先の信用状態を考慮しないで販売することになります。そのために売掛金の焦げ付きが増えることになります。

　ある不良債権が多く発生していた企業の経営幹部は、営業管理者に2つの目標を与えました。

　1つ目は、売上目標の100％達成、2つ目は、代金回収100％達成です。この企業では、賞与の査定ときにこの2つの目標の達成度を考慮しています。例えば、売上目標の100％達成しても、代金回収率が70％であれば、代金回収未達率部分の30％相当分を、その営業管理者の部門賞与源資から30％控除しました。

　このような施策をとった結果、翌年から営業担当者は「売りも回収も」強く意識するようになりました。

売掛金管理に関する
社員教育の遅れが影響している

　営業管理者や営業担当者が得意先の信用調査の進め方やビジネスマンとしての基本的な法律知識が不足しています。そのため得意先に対して過度の信用を供与してしまい、売掛金の回収が順調にいかずに焦げ付き

2つの目標

営業担当者の仕事は、売上の目標達成と代金の完全回収であることを意識する。

18

が発生しています。優秀な営業担当者が営業管理者となっている場合、体系的な法律知識を修得していないことが往々にしてあります。そこには、営業担当者を教育する営業管理者自身の教育の遅れが大きく影響しています。それを気付かせない管理部門にも責任があります。

例えば、管理部門は、「焦げ付きが発生したときのあと処置はいつも管理部門に押し付けて、営業部門は反省している様子もない。いつも同じ失敗を繰り返している」とぼやいている管理部門の責任者を見かけることがあります。

焦げ付きでいつも苦労している管理部門の担当者は、営業部門に呼びかけて管理部門が中心となって過去の焦げ付きついた事例を集め、適切な対処法をマニュアル化しておく必要があります。

ある企業では、**図表2-1**のような失敗事例を集めて焦げ付き要因別の事例集を作り、それを焦げ付き防止の教材にして営業担当者を教育しています。

破産

支払不能・支払停止または債務超過のため、債務者が債務の履行（弁済）を行うことができない場合に、債権者に対して債務者の財産を公平に分配することを目的として行われる法的手続き。

図表 2 − 1
不良債権推移事例

不良債権推移事例

得意先：株式会社 ○○塗料販売

住所　：千葉県○○市
債権残高：￥847,271

	〔経　緯〕
20×× 年 7 月 10 日	● 6 月末に発送した請求書が、宛先不明で返送されてきた。 ● 先方へ電話、「現在使われていない」との応答。 ● 営業課長、担当者の 2 名で先方を訪問。シャッターが閉まり、看板は外され、すでに不動産の貸店舗となっていた。 ● 商業登記簿を入手し、代表者宅および役員宅を訪問したが、いずれも該当住所不明。
12 日	● 隣の店舗より情報収集。5 月に廃業し、店舗整理していたとのこと。 ● 役員宅を再度探索。該当住所を発見したが、ガソリンスタンドに変わっており、役員の所在不明。
14 日	● 成田商事より情報入手。5 月後半に先方より相談を受け、債権圧縮のため店頭商品の引き揚げを実施。すでに破産手続きを開始している。また、代表者の連絡先を教えてもらえた。 ● 代表者宅へ電話。連絡がとれた。16 日訪問のアポイントをとる。
16 日	● 代表者と面談。6 月 28 日に 1 回目の不渡りを出し、成田商事、小松建材が在庫引き揚げを実施。また、同日、○○地裁に破産申立てを行なった。
8 月 10 日	● ○○地裁へ破産処理の状況を確認。<u>法人ではなく個人の破産申立てであること、当社の契約書に不備があり当社が債権者リストに載っていない。法的手段をとっても時間と経費がかかり、かつ回収の見込みがほとんどないこと、債権額が比較的低額であること</u>、などから判断し、債権の放棄を決定した。

第2章　売掛金の未収がなぜ発生するのか

2 得意先の変化に気付いていないのが原因だ

営業管理者や営業担当者、さらに管理部門も得意先の経営状態の変化に気付いていないと売掛金・未収金が滞留していきます。

得意先の売掛金・未収金が滞留する原因は、得意先自身の経営状態が悪い方向へ変化しているためです。得意先の内部では「資金繰り」が悪く異常な状態が起きていることが予測できます。

 ## 得意先の危険兆候を察知する仕組みがない

得意先の危険兆候は、どれだけ、確実に、正確に、より早く、より多く集めるかということに尽きます。得意先の不安情報には、社内で得られる情報と、社外で手に入れる情報の2つがあります。

しかし、この仕組みができていないと得意先の変化には気付きません。

 ## 内部情報から変化に気付いていない

① 得意先別売掛金残高管理表は危険信号をだしている

内部情報には得意先に掛けで販売した管理表「売掛金元帳」「得意

債権残高の動きは、得意先の危険信号を知る貴重な情報なので、月次月末に必ずチェックする。

先元帳」「得意先別売掛金残高管理表」（図表２－２）などがあります。

取引を行った結果として発生する売掛金残高の推移や、その売掛金残が従前に比べて増えたか減ったかといった売掛金の動きに注目します。もし売掛金が急増した場合には、その取引先は危ないということを意味します。

例えば、その得意先の大口債権者が徐々に取引を撤退していき、商品の納入を他の会社に回していくということがあります。つまり、得意先が危なくなって、他の仕入先が逃げた分が自社に回ってきたということです。"悪いくじ"を引かされている可能性があります。このように、もともと気になる会社で売掛金が増えてくるというのは、他の仕入先や商品の納入先が、心配になって取引を撤退した結果であるということもあるので、売掛金残高の動きは、理由がはっきりしない限りは、注意深くみていく必要があります。

売掛金の滞留状況、手形回収の遅延も判明します。取引先の資金繰りが苦しくなると、手形の支払いが遅くなったり、手形の期日が長くなったりするので、取引先別の債権残高表で毎月毎月の数字の変動を見ることが非常に重要になってきます。

普通、取引高というのは、それほどは急激に動かないものです。それが急に増えたり減ったりするというのは、何かの理由があるはずだからです。

売掛金残高を確認する意味は、他にもあります。与信限度額を超える取引をしていないかをチェックします。債権残高の動きは、得意先の危険信号を知る貴重な情報です。

ある企業の情報収集例①

実際にその変化を感じとるために得意先の応接室や商談室にいるだけではなく、なるべく多くの雰囲気を感じるためには、たまには裏口から入ってみる。社員通用口からも入ってみる。倉庫に間違って迷い込んでみる。

第2章　売掛金の未収がなぜ発生するのか

ある企業の情報収集例②

取引先を訪問したら必ず「お手洗い」を借りて、「お手洗い」に行くまでの通路で得
意先の予定が書かれたホワイトボードの記載事項を覚えてくる。また販売業務担当者
の机の上や脇のパソコンにも目をやって、変わったことがないかを見る。

図表２－２
得意先別売掛金残高管理表

■得意先名：　　　　　　　　　　■得意先コード：

月別	販売目標額	売　上　高			入　金　高	
		売　上	返　品	値引き	現　金	手　形
4						
5						
6						
7						
8						
9						
10						
11						
12						
1						
2						
3						
計						

代金回収率		入金比率		与信限度額：　　　　　　　　　千円
売掛金		現金		担保状況：
手　形		手　形		

第2章　売掛金の未収がなぜ発生するのか

得意先別売掛金残高管理表で
危険な兆候を察知する!!

■営業担当者：

売掛金残高	受 取 手 形			与信残高
	当月入金	未済残	サイト	

特記事項：

② 営業担当者からの生の情報に気付いていない

　営業担当者は、日頃から取引先に出入りをしているのですから、得意先の変化を一番よく感じているはずです。その営業担当者の観察力と傾聴力がここでのポイントとなります。

　何となくおかしいという、この「何となく」が重要です。その企業の独特の雰囲気というものがあります。その雰囲気に変化があるかないかが重要なのです。信用調査の進め方は十分にわかっていない営業担当者でも、「どことなく理由はわからないが、何か変だ！」というものを感じ取ってきます。これは、非常に貴重な情報なのです。

　ある企業では、実際にその変化を感じ取るために得意先の応接室や商談室にいるだけではダメなので、なるべく多くの雰囲気を感じるために、たまには裏口から入ってみます。社員通用口からも入ってみます。倉庫に間違って迷い込んでみます。得意先の社内のあちこちを見て、目に焼き付けてきます。さらに、取引先を訪問したら必ず「お手洗い」を借りて、「お手洗い」に行くまでの通路で得意先の予定は書かれたホワイトボードの予定記載事項を覚えてきます。また、販売業務担当者の机の上や脇のパソコンにも目をやって、変わったことが無いかを見させています。

　そういうことで得てきた営業担当者の感触が、取引先を判断するうえでの貴重な情報の１つとなるのですが、営業管理者がうまく吸い上げられていないと変化にも気付きません。

エピソード＜Ａ君の事例　なんか変だ！＞

営業２年目のＡ君は得意先会社の雰囲気や社員の変化に気付くことがポイント。電話に出たスタッフの対応、打ち合わせで訪れた事務所の中の様子に注意するべきです。もし、あまりにも対応が悪かったり、何か違和感を覚えたりした場合、先輩にも同行してもらい与信調査を開始する。自分以外の人の目で「なんか変だ！」を確認してもらう。

第2章　売掛金の未収がなぜ発生するのか

 ## 外部情報の資料を活用していない

　外部情報の情報源としては、信用調査機関、業界雑誌、金融機関、不動産の登記簿謄本、商業登記簿謄本、法人申告所得、同業他社、インターネットのホームページ等があります。

　例えば、ある企業で最近、市役所の前に事務所を構えている司法書士が頻繁に得意先の事務所に出入りしているという情報を営業担当者から聞いたので、その会社の商業登記簿謄本を入手しました。すると営業担当者から預かった名刺には、メイン銀行から出向してきた人で、専務取締役と書いてあるのに、登記簿には載っていないことがわかりました。名刺というのは、誰でもいつでも印刷できるものです。商業登記簿謄本にはまだ記載されていませんでした。しかし、得意先の中で何かの変化があることが予測できます。その後、この得意先は、メイン銀行の管理下に置かれるようになりました。

　登記簿は、登記所にいけば簡単に取り寄せられます。また、法務局のホームページでも問い合わせを受け付けています。

エピソード＜Ｂさんの事例　登記簿はどのように入手できる？＞

　営業事務のＢ子さんは、新規取引申請書が営業から上がってきたら与信管理のために得意先の商業登記簿謄本の取得手続きを行なう。手続きはすべてインターネットで完結。法務局に出かける必要はなく、パソコンからすぐに注文している。注文したら、あとは待つだけ。

3 売掛金の未収は4つの力不足から起きる

売掛金の回収がしっかりできている企業と常に焦げ付きの不安を抱えている企業を調べてみると、後者は全社的に4つの力が不足していることがわかりました。

 完全回収の成功の法則はあるのか

経験的に言えば、完全回収ができている企業のやり方はさまざまであり、あまりにも業種業態の属性が偏り過ぎて、標準化は困難です。極端と極端を平均しても答えは正解とはならないのです。

この問題の答えは、考えを逆にして、成功しない売掛金回収すなわち焦げ付きが発生する売掛金管理・回収とはどういう形態なのかを知ることです。その原因を改善することが売掛金の完全回収の道筋であり、その改善過程が与信管理制度の運用そのものと言えます。

 焦げ付きの4大原因

さまざまな業種業態を観察しているうち、売掛金が滞留していたり、焦げ付きが多く発生している企業、与信管理制度があっても機能してい

業種と業態
業種とは、どの企業の主な取扱商品が何かによって区分した呼び方のこと。業態とは、企業の性格を営業（販売）形態で表したもの。

ない企業には共通して４つの特徴があることがわかってきました。そこでこれらの特徴の語尾を「〜不足」と揃え、「４不足与信」と名づけたいと思います。

この４つを兼ね備えた企業は最低ですが、１つだけでもかなり影響力のある「焦げ付き」原因となります。

「焦げ付き防止」の連動性がたいせつ

① 調査力不足

危ないと得意先には近づかない、取引しない。危なくなったら逃げる。焦げ付きを最小限におさえるために得意先を知る力が不足しています。

② 契約力不足

信用不安な時代には法律を活かして代金を確実に回収しなければなりません。確実に競合他社よりも早く多く回収するために、法律知識に基づいた的確な契約を締結する力が不足しています。

③ 連携力不足

「私、売る人」「私、管理する人」と個々の立場だけを考えている間は、焦げ付きは減りません。社内、社外のスタッフとの得意先情報の交換と互いに密に連携する力が不足しています。

エピソード＜Ｃ主任の事例　回収までが営業の仕事だ！＞

Ｃ課長が新人の頃、「営業は売るだけ・提供するだけで良いでしょ！」と先輩に言ったら、経営的には「売るだけではダメで代金回収が必要。回収までが営業の仕事だ！」と厳しく言われた。

④ 処置力不足

　危険な兆候が出だしら、焦げ付きだしたら、適切な手当てをしなければなりません。ところが手当ての方法が社内で誰もわかっていなかったら、小さな火のうちは消せますが、大きな火災になると対処できません。焦げ付いていても適切な処置をする方法論がわからない、知識も経験も不足しています。

　売掛金を完全に回収するためには、4つの力を均等に備えている必要があります。
　是非、連動性を保てるようにしてください。
　次の章からは、それぞれの不足している事項を克服する方法論を解説します。

エピソード＜D君の事例　商品を引き揚げてこい！どうすればいいの？＞

D君の得意先が"今月末で危ない"という情報得た。営業所長から納品した商品を引き揚げてこい！と言われた。自社商品を引き揚げるためにはその法的な根拠が必要であると思い出し、与信管理マニュアルで具体的な手順を確認し実行した。

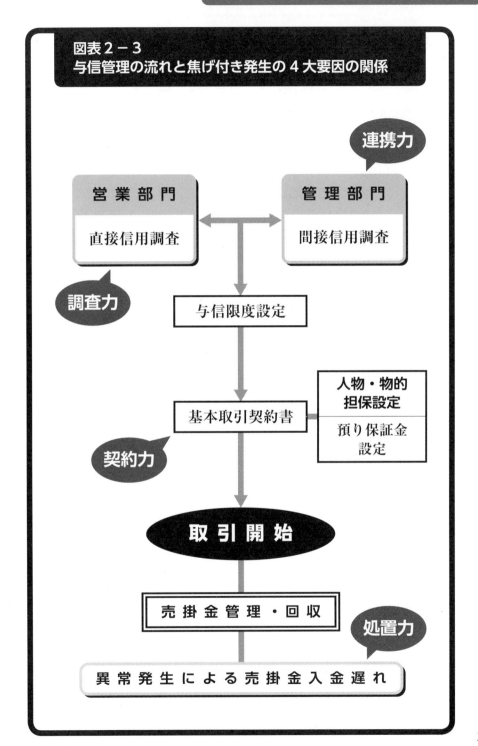

自社の売掛金管理を診断してみよう

　つぎの50のチェック事項は、売掛金を回収するために必要な事項です。営業部門、営業管理者、営業担当者、管理部門の管理責任者やスタッフ複数で採点してみてください。

　80％以上が売掛金管理の仕組みができつつある会社です。

　その後、自社の強みと弱みを洗い出してみてください。

第２章　売掛金の未収がなぜ発生するのか

図表２−４
売掛金完全回収の５０のチェック

チェック項目	YES	NO
(1) 全部の得意先と取引基本契約書を締結していますか		
(2) 営業担当者は契約書の内容を理解し、得意先に説明できますか		
(3) 得意先売掛金元帳を毎月点検していますか		
(4) 契約時単価をチェックしていますか		
(5) 契約時の値引き条件を確認していますか		
(6) 得意先別の売掛金残高の確認を行なっていますか		
(7) 得意先と売掛金残高の照合を行なっていますか		
(8) 売掛金年齢調査を行なっていますか		
(9) 請求伝票のチェックを行なっていますか		
(10) 請求金額の点検を行なっていますか		
(11) 得意先別に請求書の郵送日と到着日の確認を行なっていますか		
(12) 小切手決済で入金まで確認をしていますか		
(13) 支払い条件の確認をしていますか		
(14) 確定支払期日を励行していますか		
(15) 毎月、受取手形満期の確認をしていますか		
(16) 振込み、集金計画表を作成していますか		
(17) 毎月、入金目標額を設定していますか		
(18) 集金には予告電話をしていますか		
(19) 集金時の値引き限度額を決めていますか		
(20) 領収書の綴りをチェックしていますか		
(21) 未回収金額をチェックしていますか		
(22) 代金回収率を算定し検討を行なっていますか		
(23) 不良売掛金の回収計画はありますか		
(25) 不良売掛金の回収状況を追求していますか		
(26) 遅延回収分の原因の追求を行なっていますか		
(27) 危険兆候先について人的保証の要求を行なっていますか		
(28) 危険兆候先について物的保証の要求を行なっていますか		
(29) 抵当権の設定順位の調査確認を行なっていますか		
(30) 固定資産の所有状況を定期的に調査確認を行なっていますか		
(31) 法的な回収手続きについて基本的なことは知っていますか		

(32) イザという時に相談できる弁護士がいますか

(33) 営業担当者は代金回収のことを考えて販売していますか

(34) 営業担当者は与信管理制度を良く理解していますか

(35) 営業担当者は与信限度額を守って販売していますか

(36) 営業担当者は自分の売掛金残高を常に把握していますか

(37) 営業担当者は各取引伝票を正確に漏れなく記入していますか

(38) 営業担当者は手形や小切手のチェック項目を熟知していますか

(39) 営業担当者は契約条件（取引条件）を履行していますか

(40) 営業担当者は得意先の危険兆候を把握する仕組みをもっていますか

(41) 営業マネージャーも定期的に得意先を信用調査のための訪問をしていますか

(42) 営業マネージャーは経理・管理部門との連携は良好ですか

(43) 営業マネージャーは得意先別に与信限度額のチェックをしていますか

(44) 得意先の信用情報が収集できる仕組みができていますか

(45) 管理部門は、信用調査資料の分析方法を知っていますか

(46) 管理部門は、自社に有利な取引条件にリードすることはできますか

(47) 管理部門は、債権回収に関する法律を熟知していますか

(48) 管理部門は、営業会議に出て営業担当者と売掛金について話していますか

(49) 管理部門は、定期的に与信管理の社内研究会を開催していますか

(50) 管理部門は、過去の焦げ付き事例を要素別に整理して対策を講じていますか

集	計		
■強み	■弱み		

第3章

売掛金回収の与信管理規程の作り方

1 与信管理規程集とは何か

個別的売掛金管理は営業部門をはじめ、経理、管理などの企業内の他の部門に関連することも多く、管理部の一部担当者の熱意だけでは、売掛金の完全回収することは困難です。そこには経営者の理解と支持はもちろん、各部門の部門長クラスの管理者から現場の営業担当者にいたる得意先と関係のある者全員の意思疎通をはかり、その協力を得ることがどうしても必要となります。

とくに「企業規模が大きくなった場合、この与信管理規程集なくしては個別売掛金管理の円滑な実施や効果的な運用は期待できません。このためには、社内規程の一環として、個別的に売掛金管理に関する規程（与信管理規程）を成文化し、与信管理の方針、管理の基準や手続き、管理上の諸概念や用語の定義、関連各部門の権限と責任などを明らかにします。また、企業内の関係者に対して、たえずこの規程の制定目的や内容の啓蒙を行なわなければなりません。

企業によっては、与信管理規程を「売掛債権管理規程」「売掛金管理規程」「信用管理規程」などと表現しているところもあります。内容は、ほぼ同一の目的と内容になっています。多少業種や業態によりことなる点もあります。

与信管理規程集なくして個別売掛金管理の円滑な実施、効果的な運用はできない！

第3章 売掛金回収の与信管理規程の作り方

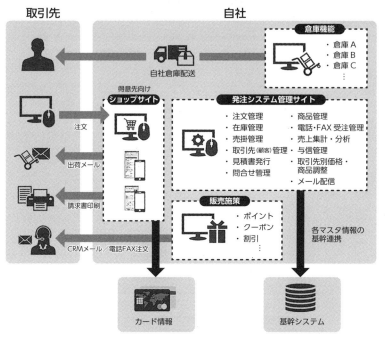

図表3-1
発注システム管理サイトの「与信管理」

◆毎月、得意先別に掛売り可能な与信額（＝限度額）を設定している。
　与信限度額を超えた場合には「警報」を出し注文不可とする。
　「警報」解除するには、営業本部長の決済が必要。

出典：TOKYO 与信管理研究会

図表3-2
与信管理規程の目的

(1) 信用管理に関する方針、実施手続きなどの明確化

(2) 企業内関係各部門の責任と権限の明確化

(3) 企業内部の意思統一と協力の確保

(4) 教育、啓蒙のための教材

2 与信管理規程集の重要な項目

 与信管理規程の構成はこうなっている

　与信管理規程の構成は、企業の形態、業種、規模、利益率、その企業の経営者の営業方針などによって異なります。図表3−3のような項目が重要です。

与信管理

与信管理とは「この会社と取引しても大丈夫か」ということに加え、「この会社とはいくらまで取引額を増やしても大丈夫（焦げ付かない）か」という判断を取引先ごとに設定・定期的に見直すことです。

第3章　売掛金回収の与信管理規程の作り方

図表3－3
与信管理規程の主な項目

① 与信管理の目的

② 適用範囲

③ 与信管理上の諸概念および
　用語の定義

④ 売掛取引限度の申請から
　決済までの手続き

⑤ 禁止事項および制限事項

⑥ 信用調査の進め方

⑦ 緊急事態の対処方法

与信管理規程は使いやすいものがいい

　与信管理規程は、「使いやすさと分かりやすさ」という点に配慮します。
　営業担当者がいつも必携できるサイズにして、システム手帳に次のような内容を掲載している企業もあります。

① 売掛金管理そのもののあり方や、その機能の大綱などに関するもの、基本的な規程を載せています。

② 個別的売掛金管理上の諸概念の定義や与信限度の設定方法、管理の具体的手続きなどに関するもの、手続きの進め方と申請手続きのフォーマットの縮小サイズが掲載されています。また、社内ネットワークが普及している企業では、社員であればだれでも開ける管理部門のパブリックファイルに申請フォーマットが保存されています。書き方の記入例も載せています。

③ 売掛金管理の運用に必要な細則に関するもの、実施細則などは、与信限度額に申請や異状報告のしかたなどを載せておくと大変実務的に活用することができます。

④ また、最近は、取引を解消するケースもあります。また、継続的な取引ではなく単発的な取引に変更するケースもありますので、追加規程例（図表3-5）を紹介します。

　　与信管理規程の定期勉強会は新入社員研修時と管理職の昇格時に必ず実施する（図表3-6）。

図表3－4
与信管理規程

第1章 総 則
（目的）

第1条 この規程は、不良債権の防止について定める。

（営業社員の義務）

第2条 営業社員は、販売代金の迅速、かつ、完全な回収が経営においてきわめて重要であることを厳しく認識し、そのために最大限の努力をしなければならない。

（禁止事項）

第3条 営業社員は、次に掲げることをしてはならない。

(1) 支払条件を二の次にして販売をすること

(2) 取引先の経済力を超えて押し込み販売をすること

第2章 売買契約の締結
（売買契約）

第4条 会社は、取引先に商品を販売するときは、あらかじめその取引先との間で、販売商品、数量、納品日、支払方法、支払日等について、書面によって契約する。

2 取引先が書面による契約に応じないときは、商品を販売しない。

（契約の履行）

第5条 会社は、契約において定められた事項を誠実に履行する。

（受領書の受取り）

第6条 取引先に商品を納入したときは、受領書を受け取る。

（履行のチェック）

第7条 営業社員は、取引先が契約で定められた支払条件を確実に履行しているかどうかをチェックしなければならない。

（集金）

第8条 営業社員は、契約で定められた支払日に取引先を訪問し、現金、小切手または手形を受け取らなければならない。ただし、契約において支払方法が口座振込と定められているときは、この限りではない。

（新しい支払日の確認）

第9条 取引先が契約で定められた支払日に支払いを行なわなかったときは、営業社員は、取引先に支払いの履行を求めるとともに、新しい支払日を確認しなければならない。

（再度の集金）

第10条 営業社員は、新しい支払日に取引先を訪問し、現金、小切手または手形を受け取らなければならない。

2 営業社員は、支払いが行なわれるまで督促を続けなければならない。

第3章　与信限度の設定
（与信限度の設定）
第11条　会社は、すべての取引先に与信限度を設定する。
（設定の基準）
第12条　与信限度は、次の事項を総合的に勘案し、取引先ごとに安全、かつ、必要と認めた範囲内で設定する。
⑴　取引先の信用状態
⑵　取引の内容
⑶　取引の頻度
⑷　その他必要な事項
（設定の手順）
第13条　与信限度は、営業社員の意見を聴いて営業部長が設定し、社長の承認を得て決定する。
（取引の禁止）
第14条　営業社員は、与信限度を超えて取引をしてはならない。
（与信限度を超える取引）
第15条　営業社員は、やむを得ない事情により与信限度を超えて取引をするときは、あらかじめ営業部長の許可を受けなければならない。
2　営業部長は、やむを得ない事情により与信限度を超えて取引をするときは、あらかじめ社長の許可を受けなければならない。
（漏洩の禁止）
第16条　営業社員は、社外の者に与信限度を漏らしてはならない。

（見直し）
第17条　与信限度は、毎年度定期的に見直しを行う。見直しの基準は、次のとおりとする。
⑴　信用状態の変化
⑵　取引の実績
⑶　支払状況

第4章　信用力低下対策
（社員の義務）
第18条　営業社員は、取引開始後もその取引先の信用状態に絶えず注意を払わなければならない。
（信用力の変化）
第19条　営業社員は、取引先の信用力が絶えず変化するものであることをよく認識しなければならない。
（営業部長への報告）
第20条　営業社員は、取引先の信用状態に変化があると判断したときは、直ちに営業部長に報告しなければならない。
（信用調査機関の活用）
第21条　会社は、取引先の信用状態の調査について、必要に応じ、信頼できる信用調査機関を活用する。
（与信限度の減額等の措置）
第22条　営業部長は、取引先の信用力が低下したと認められるときは、必要に応じて、次に掲げる措置のうち、1つまたは2つ以上を講じなければならない。

(1) 与信限度の減額
(2) 取引額の縮小
(3) 新規取引の停止
(4) 支払条件の変更の申入れ
(5) 役員の個人保証の申入れ
(6) 連帯保証書提出の申入れ
(7) 担保提出の申入れ
(8) 担保の増し積みの申入れ
(9) 売掛金残高の確認

（社長の許可）

第23条　営業部長は、前条に定める措置を講じるときは、あらかじめ社長の許可を受けなければならない。

第5章　クレーム処理

（クレーム対応の重要性の認識）

第24条　営業社員は、商品等に関するクレームの発生が代金支払遅延の大きな要因となることを厳しく認識し、クレームの処理に誠実に努めなければならない。

（発生の報告）

第25条　営業社員は、取引先からクレームが寄せられたときは、直ちに次の事項を営業部長に報告しなければならない。
(1) 取引先の名称
(2) クレームが寄せられた日時
(3) クレームの内容
(4) その他必要な事項

（正当性の評価）

第26条　営業社員は、クレームの処理を行う前に、そのクレームの正当性を正しく評価しなければならない。

（営業部長の指示）

第27条　営業部長は、営業社員に対し、クレームの処理について必要に応じて指示命令をするものとする。

（処理の報告）

第28条　営業社員は、取引先のクレームを処理したときは、その旨営業部長に報告しなければならない。

（記録）

第29条　営業社員は、クレームについて次に掲げる事項を正確に記録しておかなければならない。
(1) 取引先の名称
(2) クレームが寄せられた日時
(3) クレームの内容
(4) 処理の経緯
(5) その他必要な事項

（付則）

この規程は、　　年　月　日から施行する。

図表3－5
追加規程例

第30条（取引の解消ができる場合）

① 期間満了

「商品取引基本契約書」の定めに基づく有効期間が満了した掲合は、取引を解消できる。ただし、期間満了の3ヶ月前までに、申し出を行なわなければならない。

② 強制解除

得意先が「商品取引基本契約書」の定めに基づく解除の要件に該当した場合は、契約を解除できる。ただし、特に「本契約又は個別契約に違反した場合」といった条文を理由とする場合は、事前に得意先との十分な調整を必要とする。

第31条（取引解消の手続き）

得意先との取引契約を解消する場合は、「取引解消申請書・報告書」にて申請の上、営業本部長の承認を得て、営業担当役員の決裁を得なければならない。ただし、得意先が倒産、廃業等の場合は、直ちに取引を停止し、「取引解消申請書・報告書」を用いて、営業本部長、営業担当役員および管理部長に報告しなければならない。

第32章（単発スポット取引）

継続取引契約を締結していない相手と、スポットで取引をする場合は、原則として発注書、受注書、売買契約書等書面で、取引内容を確認しなければならない。なお、取引にあたっては、「スポット取引申請書」に基づく手続きを経なければならない。

第30条（期限付きスポット）

継続取引契約を締結して取引をする前に、見極めとして短期間、スポットで取引をする場合は、相手の信用状況等を十分勘案した上で、適切な金額および支払条件で受注しなければならない。

この場合も取引毎に、原則として発注書、受注書または売買契約書等書面で、取引内容を確認しなければならない。また、取引毎に、「スポット取引申請」に基づく手続きをとらなければならない。

社内の権限規程との連動性

　売掛金管理に関する規程には「基本規程」「手続規程」「実施細則」「追加規程」の４つのものを紹介しました。これらのうち、実務上もっとも頻繁に用いられるのは「手続規程」です。

　与信管理規程は、管理上いろいろな問題が発生した場合、その解決の重要な基準となるものです。この意味で、規程をたびたび変えることは好ましいことではありません。しかし、規程の前提となる経営管理制度の仕組みそのものが事実として変更、改正されたにもかかわらず、与信管理規程だけをそのままにしておけば、組織や制度と規程の間のギャップはますます広がるだけであり、これではかえって規程の権威が失われる結果となります。

　規程は、実務で運用されてはじめて活かされます。「規程管理」の見地からいえば、与信管理制度の変更、改正が行われたときは、その都度それに即応して、すみやかに与信管理規程も改正する必要があります。このとき、「改正のための改正」ではなく、組織や制度の改正は日常の処理に役立つものでなければなりません。

与信管理規程は自社の過去の焦げ付きや不良債権化の予防策が記載されているので、営業部員は必読する。

図表３－６
与信管理規程の定期勉強会開催の例

定期勉強会開催のご案内

1．目的：経理部と営業部合同で「与信管理」に関する基本的な考え方や具体的な方法を、ゼロからわかりやすくご説明いたします。初心者の方はもちろんのこと、与信管理に関わる方の基本知識の確認にも管理者の方にも再確認をお願いします。

2．勉強会予定

開催・日時	内　容
第1回 5月○日 15時〜17時	＜出欠確認＞ ○○社長からの開講の挨拶 経理部長：当社の「与信管理規程」「与信管理業務」の概要 営業部長：過去の焦げ付きの事例から学ぶ営業活動と与信管理の連動性 経理課長：売掛金回収の重要性と与信管理の基本的な考え方 営業課長：ここだけは知っておこう「基本取引契約書」
第2回 7月○日 15時〜17時	＜出欠確認＞ 営業課長：営業担当ができる信用調査の進め方とそのポイント 　　　　　過去の失敗から学ぶ信用調査方法・質問と観察 経理課長：専門信用調査機関の「調査レポートの読み方」
第3回 9月○日 15時〜17時	＜出欠確認＞ 与信管理コンサルタント小野寺勇史郎氏の講演講演（120分） テーマ：回収無くして営業無し、最近の焦げ付きの事例とその対策 　　　　早く、多く、確実に回収するには、営業課と経理課の連携が重要
第4回 11月○日 15時〜17時	＜出欠確認＞ 営業課長：売掛金回収を100％実現するためには？ 経理課長：危ない兆候が取引先に出たらどうする？ 　　　　　※ロジックツリーを使いグループでまとめる。発表。 営業課長と経理課長からのコメント
第5回 1月○日 15時〜17時	＜出欠確認＞ ◆全4回の勉強会の理解度確認テスト　（30分間） ◆経理課長からの回答と解説　　　　　（30分間） 営業部長：経理課長：回収率100％を実現するためにできることとは？ 　　　　　グループ発表と意見交換　（60分） ◆修了証を社長から授与

第3章 売掛金回収の与信管理規程の作り方

3 与信管理規程の運用マニュアルも作ろう

 管理部門において運用マニュアルを作ります

　運用マニュアルは、与信管理規程以外に営業担当者が活用しやすいような手引書です。その目的は、5つです（図表3-7）。

> 実態に即した与信管理規程は、営業経験者を交えて作る！

47

図表3－7
運用マニュアルの目的

① 信用調査や債権回収などの
　技術的レベルの向上を図るため

② 売掛金管理の業務が迅速、正確、
　効果的に実施できるように
　するため

③ 社内の組織的な連係プレーの
　徹底を図るため

④ 売掛金管理業務自体の
　標準化を図るため

⑤ 回収の遅れや焦げ付きを
　無くすため

運用マニュアルの構成はシンプルにする

　運用マニュアルは管理部が主催して営業部門を巻き込んで作成します。ここで大切なのは、必ず営業部門の参画を得て進めることです。

　その進め方を参考までに例示しておきます。

　運用マニュアルは、短時間で一気に作成します。一度完成させて試行的に運用してみてから本格的な運用をします。マニュアルは運用しながらバージョンアップいくのが実務的です。

エピソード＜Ｅさんの事例　中途採用者は与信管理規程を知らない＞

Ｅさんは、中途採用。営業の経験はあるが、この会社の与信管理規程を知らない。経理課長から与信管理規程や販売管理システムを教えてもらい助かった。与信管理規程は、会社独自の仕組みがあるので、実例をもとに教えてもらいとても良かった。

図表3-8
マニュアル作成プロジェクト例

作成工程	プロジェクト展開内容
2月10日	「売掛金管理マニュアル作成プロジェクト」を設置する。
2月20日	事務局は管理部（経理部）、参加メンバーとしては営業部門の中堅営業マン、経理スタッフ及び外部専門家をもって構成する。外部専門家は、債権管理に詳しい与信コンサルタント、法律上の助言を得るための弁護士に依頼する。コンサルタントと弁護士は常時出席を依頼するのではなく、作業の節目に指導をしてもらうようにする。
3月15日	事務局としての管理部（経理）は、次の資料を準備しておく。 ① 取引の形態の整理 　既往の取引形態を取引先の業種・業態に合わせて整理しておく。 ② 売掛金管理の業務の流れと使用している稟議、帳票、報告書類を整理する。 ③ 現行の業務処理上問題になっている部分の抽出も行なって整理しておく。 ④ 各部門の役割分担と各職位の権限と責任を整理する。 　※現行の債権管理の職務分掌と権限の内容の整理する。 ⑤ いまの規程と実際の運営と規程の内容が異なる時には、その相違点についても明確にしておく。 ⑥ 現在実施している信用調査の方法を整理する。 　※営業部門に各営業部店ごとにまとめてもらう。 ⑦ 現在の与信限度設定の方法および与信限度の運用について整理する。 ⑧ 過去の焦げ付き例と、その兆候の種類および兆候があった時の組織的な対応の仕方について整理する。 ■次回、4月7日に各自が担当した資料を持参し検討する。

第3章　売掛金回収の与信管理規程の作り方

図表3－9
運用マニュアルの構成

❶ 信用調査の進め方について

・「得意先信用調査チェックリスト」の活用方法

・信用調査の展開要領

・信用調査の判定方法

> 先輩社員自ら調査
> のやり方、お手本
> を示す

❷ 取引の際の注意事項について

（例）・新規取引の際の注意事項

・有利な契約の結び方

・手形、小切手の扱い方

・回収、集金のテクニック

> 得意先の取引条件
> や考え方をよく聞
> くこと

❸ 与信限度の設定・修正の方法について

・自社の与信限度の決め方

・与信の増額の手続方法

・与信の減額の手続方法

> 与信限度は、焦げ
> 付き防止の安全
> 弁！

❺ 営業担当者のための債権管理の事務手続きについて

・債権回収の対策パターン

・債権回収の自社事例

・イザというときの処理の進め方

> 得意先の黄色信号・
> 赤信号を見逃さな
> い！

添付資料：各種手続きフォーマット、契約書・覚書・委任状雛形、緊急
　　　　　連絡網

第4章

調査力
不足対策

1 取引前の信用調査を行なう

　企業間信用（企業間の貸し借り＝掛売り、掛買い）を背景とした取引のもとでは、売上を伸ばすことは信用リスクの増大につながります。したがって、焦げ付きを最小限に食い止め、不測の事故を未然に防ぐためには、取引を始めるに当たって、その得意先の信用状態を調べる必要があります。

新規得意先を決めるまでには どんな調査が必要か

　新規の得意先と取引を開始する前の信用調査から与信管理までの流れと関係部門の役割を与信管理フローに現すと、図表４－１のようになります。
　この図表は、管理部門（経理部・総務部）として独立した組織として持っている中堅クラスの会社を想定して図解しました。より小規模な会社では、管理部の機能を経理部や営業部内の管理的セクションが果たしている場合もあります。得意先の出現から限度設定までのポイントをあげると、次のようになります。

エピソード＜Ｆさんの事例　信用調査のスキルは現場指導でつける＞

新人の指導役になったＦさんは、与信管理のための信用調査のスキルは、現場に何度も足を運んで指導しないと習得できない、という。

第4章 調査力不足対策

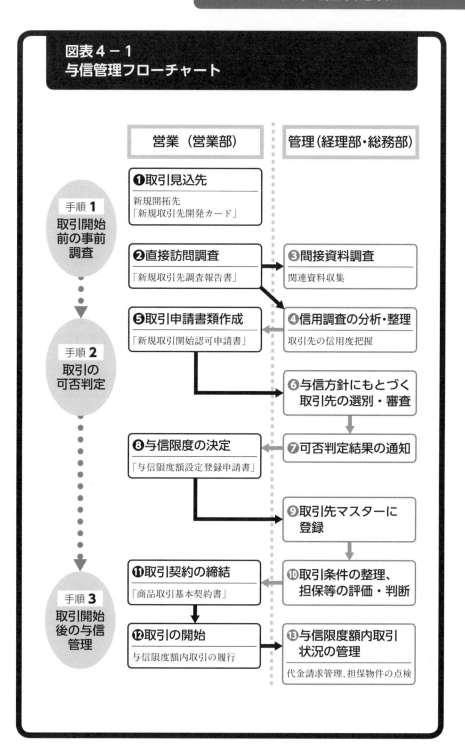

① 取引候補先が出現したら、営業の立場から得意先として妥当かどうか調査します。この場合の調査は、得意先を訪問する直接調査が原則です。

② 営業部は自己の調査と並行して管理部にも依頼します。この段階での管理部の調査は間接調査が原則です。

③ 営業部と管理部は調査結果を持ち寄って情報交換をし、管理部が総合分析を行ないます。

④ 営業部は③の結果にもとづいて取引限度を立案し、管理部に審議を依頼します。

⑤ 管理部は申請得意先の信用状態を審査して審議結果（調査結果とそれにもとづく取引の可否）を営業部に通知します。

⑥ 営業部は管理部の審議結果にもとづき取引限度の決裁、設定を行ないます。

⑦ 営業部は取引限度決裁結果を管理部に通知し、管理部はその通知にもとづいて付帯条件の履行状況をチェックして取引限度の登録を行ないます。この限度額の登録をもって、信用調査はひとまず終了し、与信限度設定が正式ものとなります。

与信限度額

「与信限度額」は貸倒れリスクを最小化するためのシステムです。取引先ごとに債権残高の最高額を取引開始時に決めておき、常にこれを超えないように管理します。

第4章　調査力不足対策

 取引の限度額を決めておく

　会社として安定した経営を続けるためには、あらかじめ売掛リスクの範囲を決めておく必要があります。無制限・無秩序に売上を伸ばしたら、信用取引である以上、リスクは計り知れないからです。したがって、売掛リスクを伴う取引を開始するにあたっては、契約締結前に必ず取引限度額の設定を行ないます。

　取引限度額とは、一般的には「営業取引によって生ずる得意先に対する債権（売掛金・受取手形・前払い等）ならびに委託加工品および寄託者の残高の極度額とその有効期限」をいいます。そして通常、金額と期限の２面からリスクの範囲を限定しておきます。

 なぜ取引するのかその動機を探ります

　営業担当者が新たらしい取引見込先を開拓してきます。そのときに必要なのは、取引する動機は何かです。この調査を怠ると、次に続く調査も徒労に終わり、将来に悔いを残します。

① 得意先から申し込まれたのか

　基本的には営業担当者が自ら努力して見つけ出してきた得意先が取引の対象としますが、相手先から取引を申し込まれたり、第三者から紹介される場合もあります。とくに、他社でも自社と同様の商・製品を扱っているような場合は、その取引の動機を調べます。

　想定される相手先の動機としては、「取引拡大」「他社が撤退」「取

エピソード＜G君の事例　営業力で受注が３倍に！でも待てよ！＞

中堅営業担当のG君は、熱心な得意先回りの成果で、今月ある得意先からの注文が３倍になった。一瞬喜んだが、「待てよ！」と注文の背景を聞き込んだら、競合が出荷を停止していた。
これは、危険信号と判断して、専門の調査機関に依頼した。

57

引条件が有利」「金融目的」などが考えられます。

しかし、「取引拡大」を除いては、後々問題となることがあります。

② 紹介による取引は要注意

紹介による取引は要注意です。とくに有力者の紹介で取引を申し込まれた場合は、その紹介者を過信して通常行なうべき調査を怠り、安易に取引したり、ハッキリ断わりきれずに取引を始めることあります。これは、最も危険です。

有力者といっても、その会社の実情や内情を知らずに、単に紹介するだけのことが多いからです。また有力先からさらに紹介されることもありますが、この場合も、せいぜい部長クラスが個人的に紹介してくるケースが多く、会社として紹介してくるケースはほとんどありませんから、事前調査が必要です。

③ 営業担当者が探してきたら

自社の営業担当者が新規得意先を探してきた場合にも、取引開始の動機を検討する必要があります。例えば、図表4－2のような動機が考えられます。

エピソード＜Ｈさんの事例　紹介の紹介でひっかかりが起きた！＞

新規開拓に焦っていたＨさんは、得意先から「いい会社だよ」と１件紹介を受けた。２か月間は、順調に取引をして回収もできていたが、３か月目から支払いが滞留し未払いになった。得意先の紹介先だから大丈夫と思って信用調査を怠っていた。

第4章　調査力不足対策

図表4－2
受注動機

① 取引拡大、新しい販路開拓

② 不良在庫等の在庫処分

③ メーカーからの
　押付け商品の販売先

④ 危険分散

⑤ 下店（サブ店）として起用

⑥ メーカー、需要家からの指定

図表中の①と④を除き、政策が先行しがちで得意先の内容調査が後手になることがあります。また③のケースは、市場性や人気のない商品が多く、どうしても販売が先行しがちです。⑥も、いわゆる介入取引（既存の取引に介入する取引）となるケースがほとんどで、メーカーの危険回避や需要家の金融目的の場合が多く、売掛リスクはかなり大きいことがあります。

　期末近くになって、不良在庫の処分を急ぐあまり、基本的調査を怠ったために、たった１回の取引で焦げ付いてしまった、という苦い体験をした企業もたくさんあります。取引の動機調査をおろそかにしてはいけません。

エピソード＜Ｉ君の事例　月末数字が苦しいときの1本の電話で焦げ付き＞
月末の売上集計表を見ていた新人Ｉ君のところに１度訪問したことのある得意先から注文が入った。与信申請書を後回しにして注文を受けた。その与信申請書を提出したが、管理部から不適切な得意先なので"現金取引"に変更と連絡が来た。その月末の入金がない。

第4章　調査力不足対策

2 新規得意先の信用調査の上手なすすめ方

新しく取引を始める動機が一応納得のいくものと判断できると、次はいよいよ信用調査に進むことになります。得意先の信用調査にあたっては、情報の収集が最も重要です。正確な情報をいかに早く多く集めるかが取引の勝敗を分けます。

得意先の信用状態を判断するには、決算書の分析（定量分析）だけでは十分とはいえません。企業を取り巻く環境は日々変化しています。その日々の活動の変化を見ること（定性分析）によって、企業の実態をより正確に判断することができます。

 調査を始める前にこれだけは知っておく

苦労して集めた情報や資料が、必ずしも正確に真実を伝えているとは限りません。情報の中には、不正確な情報が混在していることもあり得るので、1か所だけでなく数か所から情報を入手し、比較検討したうえで取捨選択するべきです。

信用調査は、現場、現物、現実の３現主義だ！
営業担当者の直接信用調査は、３現主義（三現主義）＝「現場」「現物」「現実」「現場」に足を運び、場を確認する。「現物」を手に取り、物を確認する。「現実」をこの目で見て、事実を知る。

61

信用調査をすすめるにあたっての留意点

① どういう調査・分析を、どういう順序で行なうか計画を立てる、
② できるだけ多くの資料を集める、
③ 問題点を中心に企業の分析を掘り下げて、その企業の長所・短所を把握する。

 ## 調査の資料と種類にはどんなものがあるか

調査を行なう際の資料には、外部資料として、決算書や調査機関の調査資料、業界誌・専門誌、得意先（仕入先・販売先）・下請先、法務局・監督官庁等の公的機関の資料などがあります。ちなみに継続的得意先には、内部資料として、取引実績表や回収状況表があります。

また調査の種類には、図表4－3のようなものがあります。

エピソード＜J主任のすごい観察力と質問力＞

J主任の観察力と質問力は素晴らしい。得意先を訪問する前に顧客情報管理システムをすみからすみまで読み込んでいる。また、社内の信用調査チェックシート60の調査項目を採点するために、何を観るか、どのように聞き出すか、といった意図的な質問を準備している。

図表4－3
信用調査の種類

種類	内容
直接調査	① 面接調査 ② 訪問調査、立ち入り調査
間接調査	① 信用調査機関による調査 ② 銀行、同業者、取引先、グループ会社 ③ 登記事項調査（商業登記簿、不動産登記簿）
追跡調査	① 取引実績の変化確認 ② 回収状況の変化、決済条件の変化、売掛金年齢の推移 ③ 営業活動状況の変化、仕入・販売先の変化、設備の変化 ④ 従業員の退社状況 ⑤ 在庫の状況

調査にあたっては、日頃からの会社の状態を正確に観察して記録しておく必要がある。

? 定性調査が必要な項目と
　　押さえておくべきポイント

図表4－4
定性的調査項目と調査ポイント

定性調査項目	調　査　ポ　イ　ン　ト
会社設立（創立）の時期	● 会社経営が順調に発展するかどうかの1つの節目は、3年から5年といわれている。この時期に経営内容がおかしくなり挫折してしまう企業が多く見受けられる。 ● 反対に、この時期を乗り越えると倒産や廃業の比率はかなり減ってくる。これは、企業として直面するさまざまな問題や危機に対する抵抗力がついてきたためと考えられる。 ● こうした事実はあるが、歴史的に長く企業経営を行なっている企業と短い企業を比較して見ることがポイントであって、老舗で歴史があるから安全とは限らない。
会社の設立経緯	● 前の会社が倒産して、その負債を抱えてその負債を返済するために設立されたような会社がある。いわゆる「第二会社」といわれるもの。このような会社には特に注意が必要。設立の当初から社長個人のものも含め負債を負っていたり、銀行との当座取引が一定期間できないなどの制約をもっていたりするため。 ● 質問調査のときに、設立の経緯を聞いてあいまいな回答が返ってくるようなら要注意。
事業政策	● 企業が成長発展していくために、本業以外に事業の領域を広げたり、多角化を図ったりすることがある。企業の会社案内や事業概要書などからその企業の方向性や経営方針、いわゆる事業政策を読み取ることが大切。 ● 本業との関連性はどのようになっているかがポイント。本業とかけ離れた事業を展開しつつあれば、本業の収益にも影響するから注意が必要。
経営者 / 個人資産	● オーナー企業では、社長個人の信用がそのまま企業の信用になっている。たとえ企業の事業内容が良くなくても、社長に資産がある場合には、これがその企業の信用になっていることが多くある。そこで、オーナー企業の場合は社長の個人資産を調査する必要がある。 ● たとえば社長の住いは、持家か借家か、そこに何年くらい居住しているかということも重要な調査項目。持家で居住年数の長いほうが信用度は高いといえる。

64

第4章　調査力不足対策

定性調査項目		調 査 ポ イ ン ト
経営者	経営能力	●企業経営において最も重要なものは、経営に対する考え方で、いわゆる経営戦略といわれるもの。将来にわたって自分の会社をどうしようと考えているのか、そのためにどのように進めていこうとしているのか——この考えが不明確であったり、あいまいなときには経営に迷いが生じる。会社案内や社訓・社是からも社長の考え方がわかることがあるが、直接社長から企業経営に対する考え方を聞いておくことが重要。 ●企業環境の変化に柔軟に対処できる具体的な思考力をもっているかどうかをみる。
株主		●取引の見込先が、優良な会社と関係があったり、系列会社であったりすることは信用度としては非常に高いといえるが、株主のなかにあまり聞いたことのない企業名や個人名が入っているようであれば、十分に信用調査を行なう必要がある。
従業員の仕事振り		●業績の良い会社は、おおむね接客応対のマナー教育も行き届いており、キビキビとした態度をとっているもの。業績内容は、そのまま従業員に反映するので、業績の良い会社や順調に成長発展している会社は独特の活気にあふれている。 ●従業員の仕事振りを見て、無気力な表情で仕事をしていたり、電話が鳴っているのにすぐに出ない、電話の応対が悪いなどの動作が目立つようであれば職場の規律が悪く、モラールが低下しているといえる。
製品・商品・サービス		●見込先企業はどんな製品・商品・サービスを扱っているのか、またその商品などは市場性があるものかないものか、いわゆる商品PLC（プロダクト・ライフサイクル）はどのような構成になっているか、商品の仕入政策（マーチャンダイジング）はどのような方針にもとづいて行なわれているかを知っておく必要がある。 ●長期にわたって単一商品しか扱っていないようであれば、仕入政策の柔軟性が乏しいということになり、注意する必要がある。
主な仕入先と支払条件		●製品・商品を主にどこから仕入れているのかがポイント。条件の厳しい企業や優良企業から仕入れているとすれば、ある程度信用はあると判断してよい。逆に、仕入先が優良企業でなかったり、経営状況が良くないところで、そこから仕入れた商品がもとで苦情を引き起こすようなトラブルが多いと、販売先等からその企業に対する信用度が低くなっている可能性がある。

65

定性調査項目	調 査 ポ イ ン ト
	● 最近仕入先の変更はないか、平均どのくらいの期間取引しているのか、支払代金の決済状況はどうなっているか、現金支払いか、サイトは何日かなども財務内容を知るための手がかりとなる。 ● 仕入数量は物によって小口仕入れか大口仕入れか、適正在庫はどのようにして管理しているかなど仕入れの条件について知っておく必要がある。
主な販売先と回収条件	● 会社案内や会社年鑑、企業情報誌に載っている企業が、必ずしも主な販売先とは限らない。実際の主な販売先を営業担当者自身で確かめる必要がある。見込取引先の社内掲示板や営業社員のデスクの周りにあるホワイトボードの売上目標表や訪問予定表から販売先の固有名詞を拾い出して、自社の営業担当者に直接聞いて確認してみる。 ● 代金回収の条件については、集金と口座振込み、手形等の比率（バランス）はどうなっているかを聞き出す。
主な取引銀行	● 取引銀行だけでは一概に信用度を判断することはできない。会社案内には取引銀行として都市銀行が書かれているにもかかわらず、実際に主として取引している銀行は、別であるという場合も少なくない。 ● また、都市銀行と借入取引を行なっている場合には信用度は高いとおおむね見ることができるが、その借入れが定期預金担保付の場合にはこれを実質的な借入れと見ることはできないので注意が必要。 ● 朝方や夕方に大きな鞄をさげて、その日の売上金や手形・小切手などを取りにくる金融機関はどこか、担当者との人間関係はどの程度のつながりかを調べるために、朝方か夕方に訪問してみる方法もある。
主な不動産	● 本社や工場などが自己所有である場合には、法務局でこの不動産登記簿謄本を閲覧するか取り付けるかして確認することができる。 ● そして、金融機関関係の担保権設定の状況を探り、金融面での余裕があるかどうかを調査する。この場合、社有不動産だけでなく社長個人やその家族の不動産についても調べるとよいだろう。 ● 金融機関はどこで、担保権の設定の時期はいつかに注意する。設定時期と使用目的との因果関係を調べる。
同業者の評判やその他情報	● 見込取引先の同業者に直接批判を聞いてみることも重要。正確な情報ではないかもしれないが、参考になる。 ● また、手形割引を業としている金融業者からの情報も参考になる。

第4章　調査力不足対策

① 会社の沿革・歴史

　激動・変革の時代にあっては、老舗必ずしも安泰とはいえず、業歴のある会社でも倒産する会社が増えています。しかし一般的には、業歴5年未満の会社は好不況の経験が少ないこと、取引基盤も確立されていないことなどから、安定しているとはいえないところがあります。また設立経緯が曖昧な会社や倒産歴のある会社との取引は避けます。

② 事業目的・業界地位

　市場環境に適合していて伸びている業種は別として、本業とまったく異なる分野に手を出して成功した例は極めて少ないのが現実です。本業をおろそかにして副業がうまくいくことは昨今の情勢では難しいところです。

③ 株主

　取引しようとする会社が優良会社の系列下にあることは、信用面では大きなプラス材料です。しかし、大株主が変わって得体の知れない会社や個人が登場した場合は、信用面ではマイナス材料です。その会社が食い物にされていることもあるからです。

④ 経営者

　中小企業の場合、経営者は会社の顔です。経営者に資質がないような会社はどんな優秀な人材、設備を持っていても先行き不安です。また、経営者が病弱であったり、政治・宗教など事業以外に専念し、仕

創業経営者は創業時の苦労話から、2代目経営者からは、これからの仕事の話から聞き出す。

事に熱が入らない経営者の会社も先行きは心配です。また、過去に倒産歴のある経営者も相手にしないほうが無難です。

⑤ 従業員

　人の問題は信用チェックの最重要項目の１つです。例えば、規律・モラールの低下はないか、勤務態度はどうか、などもチェック対象です。会社の経営が順調であれば、従業員も仕事に熱が入り、不平・不満も出ないはずです。経営内容は従業員の態度に敏感に反映されるものです。

⑥ 設備・工場・事務所

　立地条件が悪いということは、それだけ輸送コストや販売コストが余計にかかり、同業者との競争上ハンディとなります。また設備が陳腐化していると、一単位当たりの生産コストが高くつきます。そのほか、どんな優れた機械でも稼動率が悪ければ、投下資本は回収されないし、分不相応なビルなどの建設も資金を固定化させます。過剰な設備投資も、資金固定化につながります。

⑦ 商品・製品等

　最近は従来にもまして、商品や製品のライフサイクルが短くなっているので、商・製品が成長期にあるか、あるいは成熟期か衰退期かを見極める必要があります。例えば、単一商品しか扱っていない得意先だと、新商品や競合品の登場は致命傷になりかねません。

商品がどの位売れているか。その状況を確認する時には、倉庫に入って、商品が梱包されている箱、複数に印をつけ、例えば、10日後に商品の動きを見ます。

第4章　調査力不足対策

⑧ 仕入先・販売先・下請等

　仕入先の経営基盤が弱いと、安定した販売・生産活動はできません。販売先からクレーム等を受けた場合、仕入先が弱くてそれに対応する力がないと、債権が焦げ付く原因にもなります。

⑨ 不動産と担保

　不動産の明細（物件と価値）と担保設定状況を調べます。この場合、社有不動産だけでなく代表者個人やその家族の資産も調べます。新しく担保が設定されている場合は、何か資金需要があったことを意味します。また、従来存在しなかった債権者が出てきたり〝悪筋〟が担保権者として出てきたような場合は、取引状態に変化があったか、高利の導入が懸念されます。高利を導入するということは、正規の金融機関が貸してくれない何らかの理由があるはずです。高利を払って採算を維持できる会社はないといっても過言ではありません。

⑩ 関係会社

　中小企業、とくに同族会社の場合には、設立趣旨や事業目的がハッキリしない関係会社を持っていることがあります。不明瞭取引をカムフラージュするためや決算操作のために関係会社を利用するケースもあるでしょう。分不相応に関係会社を持つことは、経営力の分散にもつながり、本体の経営にも悪影響を与えかねません。できれば、直接の関係会社だけでなく、代表者の親類縁者が経営している会社も併せて調査します。

ホームページで関係会社をチェックして訪問する。
取引のルートを確認する。

⑪ 金融機関

主力銀行や取引銀行の頻繁な変更は要注意です。主力銀行が変わるということは、銀行の支援態度に重大な変化のあった場合が多いからです。

⑫ その他、第三者の評価等

同業者の噂や調査機関の情報、市中金融業者での手形割引の止め情報「割止め」なども貴重な情報源です。火のないところに煙は立ちません。

⑬ 経済環境・経営環境

どんな中小企業でも経済の流れに無関係ではいられません。というより、むしろ中小企業だからこそ、その影響が大きいといえます。経営環境や経済環境の変化が取引候補先にどのような影響を及ぼすかを調べる必要があります。

調査結果の分析・判断はこうすすめる

定性調査は信用調査の第一歩ですが、実はこれをどのように分析・判断するかが最大のポイントです。しかし、調査結果をどう判断して危険な兆候がいくつあったら取引を止めるべきか、またマイナス点だけでなくプラス点があった場合、単純に相殺した評点で評価してよいのか、ということは非常にむずかしい問題です。

自分の目と耳と感覚を信じる。

第４章　調査力不足対策

　残念ながら絶対的評価はありませんが、マイナス点が多い相手先は注意すべきです。

　なお東京商工リサーチさんや帝国データバンクさんでは、「得意先訪問観察チェックリスト」や「信用調査レポート（解析表）」といった調査票を出しており、その評価リストは非常によくできているので、参考になります（**図表４－５**）。

図表4－5
信用調査機関の主な信用調査項目：例

①企業概要	おもに上場企業であれば、証券コード、代表者名、本店住所、電話番号、登記上住所、創業年度、資本金、事業内容、最近の年商、取引銀行、社員数、そのほかに業界内の位置づけなどが記載されています。
②従業員	従業員の内訳（部門別、平均年齢、平均勤続年数）などです。
③設備	工場であれば主な機械設備の概要です。設備投資計画などについては、調査できない場合もあります。
④登記事項	授権株数、発行済株数、資本金推移、役員（氏名、担当業務、派遣元企業、役職）などが記載されています。
⑤社長	社長の氏名、生年月日、出身地、現住所、出身校、経歴、関係事業、公職、趣味、スポーツ、経営者タイプ（経験、得意分野、就任経緯）、人物像、申告納税額、自宅所有状況、後継者などまで、人に関する事項は比較的多く調査され記載されています。
⑥会社の系列・沿革	資本・人的関係、関係会社、設立経緯、特記事項、業歴中の特記事項、事業経験などが記載されています。
⑦業績の推移	最近の業績推移、配当性向、業績上の特記事項などが記載されています。
⑧取引先	主要な仕入先・外注先（品目別）・取引先概数・支払方法、主要得意先（品目別）が記載され、中には輸出・回収方法まで記載されていることがあります。
⑨銀行取引	メイン銀行をはじめとして、主な借入先の銀行名が記載されています。中には長期短期の借入金額まで調査されているものもあります。
⑩資金現況	特に売上高、収益性、回収状況、支払能力、資金需要動向、資金調達能力などが客観的に分析されてわかりやすく記載されています。
⑪決算書	貸借対照表・損益計算書が入手できるところは掲載されています。不可能な場合は推定資産負債状況が記載されています。
⑫不動産登記簿の写し	内容は、物件明細（所有者、所在地、面積、家屋番号）、担保権等の設定状態（登記年月日、設定年月日、債権者、設定金額）などです。
⑬現況と調査所見	事業内容、会社の特色、業績の推移、資金現況と調達力、最近の動向と見通しなどが客観的に記載されています。

第4章　調査力不足対策

　図表4−6の総合評価表は、評価点にウエイトをつけています。最高
点は、200点になります。得意先を必ず複数の目でチェックしてみてく
ださい。

　判定例は**図表4−7**のようになります。ランク別の対策は、企業の個々
の事情で変化しますが、自社に合うように作成してみてください。

図表4－6
総合評価表

総　合

会社名 _____

No.	評　価　要　素	評　価　基　準	評価点	判定点
1	経営者の事業意欲	① 積　極　的	10	
		② 普　　　通	7	
		③ 消　極　的	3	
2	経営者の先見洞察力	① 十 分 あ り	15	
		② 普　　　通	10	
		③ 不　十　分	5	
3	経営者の問題意識	① 的確である	10	
		② 普　　　通	7	
		③ 低　　　い	3	
4	スタッフの充実度	① 優秀なスタッフがいる	5	
		② 一応相談相手はいる	3	
		③ な　　　し	1	
5	事業への専従度	① 専従度90％以上	10	
		② 専従度70％以上	7	
		③ 専従度70％未満	3	
6	社　内　雰　囲　気	① 積極的で明るい	10	
		② 普　　　通	7	
		③ 消極的で暗い	3	
7	トップの後継者	① 適格者が決定済み	10	
		② 育　成　中	7	
		③ 未決定（不在）	3	
8	取引銀行の評価	① 適切かつ信用大	10	
		② 普　　　通	7	
		③ 不適切かつ低い	3	
9	幹部社員の充実度	① 充実している	10	
		② 普　　　通	7	
		③ 不　十　分	3	
10	労　使　協　調　度	① 協調性に富む	10	
		② 普　　　通	7	
		③ 欠ける（対立はげしい）	3	
	判　定　点　合　計　(1)			

第4章　調査力不足対策

評　価　表

No.	評　価　要　素	評　価　基　準	評価点	判定点
11	創　業　年　数	10 年以上	8	
		5 年以上	4	
		5 年未満	2	
12	資　　本　　金	1 億円以上	8	
		1,000 万円以上	4	
		300 万円以上	2	
13	年　間　売　上　高	30 億円以上	10	
		10 億円以上	7	
		10 億円未満	3	
14	企　業　収　益　力 （売上高対営業利益率）	5％以下	12	
		3％以下	8	
		3％未満	4	
15	業　界　で　の　規　模 （シェア）	最上位クラス	10	
		上位クラス	7	
		中位クラスまたはそれ以下	3	
16	企業系列（主力株主）	有力企業系列（株主）である	8	
		準系列化企業である	4	
		企業系列なし	2	
17	主　な　販　売　先	有力な大手の販売先	10	
		中堅の販売先	7	
		中小・小規模の販売先	3	
18	主　な　仕　入　先	有力な大手の仕入先	10	
		中堅の仕入先	7	
		中小・小規模の仕入先	3	
19	支　払　条　件	毎月一定時期現金払い	12	
		手形支払い（90 日以上）	8	
		手形支払い（120 日以上）	4	
20	業　界　の　評　判 （信用調査機関の評価）	良好（警戒不要）	12	
		やや良好（多少要注意）	8	
		問題あり（要警戒）	4	
	判　定　点　合　計　（2）			

出所：経営法務研究会・資料

図表4－7
判定表例

ランク	点　　数	対　　応　　例
A	140点以上	取引上の不安はないので、営業に力を入れる。
B	120〜138点	当面の取引に不安はない得意先。
C	100〜118点	やや注意が必要な得意先。会社は弱点から崩れていくので、まず弱点や問題点をはっきりさせ、次はこれを継続してチェックすること。
D	80〜98点	かなり注意が必要な得意先。取引先の弱点については気を配り、大きな変化がありそうなときは、訪問を多くして情報を積極的に集める。
E	60〜78点	はっきり注意。支払いが遅れたならば、次の納品を一時停止すること。現金取引に切り替える。
F	〜58点	上司と検討し、取引を直ちに中止すること。

ポイント

　Cランクに該当したら、危険信号が点滅し出している。売掛金を完全回収するために速やかに対策を立てるときに来ている。
　Dランクは、そろそろ赤信号が点滅している。売掛金をこれ以上増やさないようにする。撤退の準備も始めよう。

定量分析は数字で判断します

　決算書による定量分析については、図表４−８に定量分析の基本的な12の算式を紹介します。得意先の決算書は、なかなか見せてもらうことができせん。見せてもらえるようあれば、定量分析の12の指標で判定を行ないます。

　図表４−９の定量分析レーダーチャートは、12方向に放射状に伸びている資料です。この資料の内側が網掛けになっているところがあります。ここを基準にします。定量分析の算式で出された指標をこのレーダーチャートに書き写します。危険度の目安として網掛けの内側に、12項目中５以上が内側に位置していたら、要注意が必要です。次からの取引は慎重に構えるようにします。この判定はあくまで一応の目安です。業種・規模によって異なります。

単年度の分析は危ない！　　３年分の分析が必要！

図表4-8
定量分析の算式

成　長　性

❶ 売上増加率（%）＝ $\dfrac{当期売上高 - 前期売上高}{前期売上高} \times 100$

❷ 固定資産回転率（回）＝ $\dfrac{売上高}{有形固定資産}$

❸ 総資本回転率（回）＝ $\dfrac{売上高}{総資本}$

活　動　性

❹ 固定比率（%）＝ $\dfrac{有形固定資産}{自己資本} \times 100$

❺ 売上総利益対総経費率（%）＝ $\dfrac{販売費および一般管理費}{売上総利益} \times 100$

❻ 従業員1人あたり総利益（万円）＝ $\dfrac{売上総利益}{専従役員 + 従業員数}$

収　益　性

❼ 経営資本対営業利益率（%）＝ $\dfrac{営業利益}{(負債合計 + 資本合計) - (土地 + 投資)} \times 100$

❽ 交差比率（%）＝ $\dfrac{売上総利益}{売上高} \times \dfrac{売上高}{商品在庫} = \dfrac{売上総利益}{商品在庫}$

❾ 流動比率（%）＝ $\dfrac{流動資産}{流動負債} \times 100$

安　定　性

❿ 自己資本構成比（%）＝ $\dfrac{自己資本}{総資本} \times 100$

⓫ 売上高対当期利益率（%）＝ $\dfrac{当期利益}{売上高} \times 100$

⓬ 従業員1人あたり年間売上高（万円）＝ $\dfrac{年間売上高}{専従役員 + 従業員数}$

第4章 調査力不足対策

図表4-9
定量分析レーダーチャート

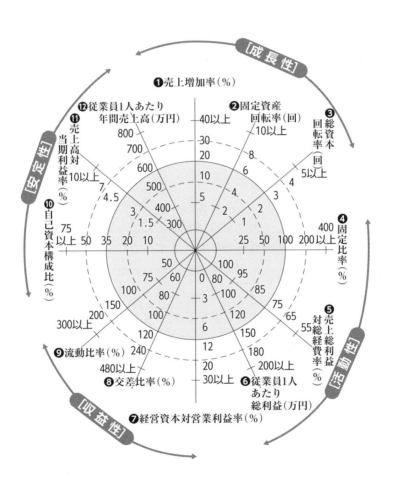

3 管理部門だからこそ客観的な調査を行なう

信用調査は、実際には調査する人の能力や経験で調査方法もその結果も大きく差になってきます。

 政策判断は経営者に任す

調査事項のなかには、調査する人の主観による事項がたくさんあります。例えば、経営者の資質はどうか、信頼できるか、といわれても、多分に個人の主観が入ってしまうはずです。

しかし経験を積んだベテラン営業マネージャーや管理部門長となると、その調査結果はさほど差異がなくなります。また営業部の担当者の調査だと、取引優先を考えるあまり客観的に見られないことが往々にしてあります。管理部門の場合は、どちらかというと客観的な見方ができます。

管理部門の調査はあくまで客観性に徹すべきで、例えば、政策判断に関わるような事項は経営責任者に任すべきです。

営業経験30年の営業本部長の判断基準を活かす。

第4章　調査力不足対策

 登記事項は客観的な情報を提供してくれる

　調査項目のなかで常に客観性がある事項としては、登記事項（商業登記や不動産登記）があります。これらは、法務局で作成され、得意先がつくるものではないからです（必ずしも実態を反映しているとは限らないが）。

　登記事項は、得意先の手を煩わすことなく、自社が郵送でも調べられます。これを調べることで相当部分、相手の内容を知ることができるので、登記事項は必ず調査します。

　例えば「商業登記」からは、少なくとも社名や本店所在地、設立年月日、資本金、営業種目、役員がわかります。閉鎖謄本の場合は、それ以前まで遡って調べます。また「不動産登記」からは、物件所在地や種類（土地、建物）、面積、所有者、担保等の権利関係がわかります。土地などの所在地、種類、面積がわかれば、ある程度その物件価値を調べることもできます。担保関係を調べることによって、銀行との取引関係や仕入先の与信状況、担保余力の有無も、ある程度正確につかめます。

　なお、謄本によって過去の動きもつかめるので、取引開始にあたっては現に有効な部分だけでなく、すべての謄本を取り寄せると全体像が把握できます。

◆登記簿はインターネットで入手できる。
　法務局のオンラインによる「登記事項証明書」
　等の交付請求手続のご案内
　houmukyoku.moj.go.jp/homu/static/online_syoumei_annai.html

調査機関に依頼するときはこうする

　調査結果に客観性を持たせるために調査機関に依頼します。その場合は、何を重点的に調べるのか必ず明確にすることです。たとえ大手調査機関とはいえ調査マンの質は均一でなく、調査マンによって調査内容は異なってきます。しかも調査機関の調査でも、まったくの第三者によってつくられた資料は登記に関する事項だけです。

　つまり、主観が多分に入ることもありますので、調査機関の資料と自社で調べたものとを客観的に見ることが大切です。

業種別・業態別調査のポイント

　信用調査にあたっては、得意先の業種や業態によって注意すべき視点が異なります。図表４－10では数多くある業種・業態の調査ポイントを紹介しています。参考にしてみてください。

自社の不良債権が起きた事例をもとに、調査ポイントを再度確認する。

第4章　調査力不足対策

図表4－10
業種別・業態別調査のポイント

業種・業態	調　査　ポ　イ　ン　ト
製造業	●設備能力、設備の稼働率、工数能力、工数稼働率などの生産与件を把握しているか。 ●将来計画をも加味した融通性のある工場レイアウト、工程管理、品質管理、原価管理を考慮した合理的なレイアウトになっているか。 ●職場の活気、安全、規律に対する配慮は感じられるか。また、社員に対する技術教育や、設計技術者に対する生産技術についての訓練などは行なわれているか。 ●設計技術者は原価意識をもち、品質基準、工作法、製造原価の相互関係に注意しているか。 ●製品や部品の標準規格、機械の操作マニュアル、加工手順の標準化は図られているか。 ●生産計画はどのような基準で立てられているか。生産のロットサイズを決定するルールがあるか。また、納期は厳格に管理されているか。 ●見積もり原価計算を実施しているか。不良率、操業度を見積もり原価に反映させているか。 ●外注先、仕入先の選択基準はあるか。製品部品の在庫計画はあるか。製品部品のデッドストックの区分認識があるかどうかもみる。 ●製品の売れ筋、死に筋の把握がされ、製品ごとのプロダクトサイクルを捉え、新製品開発のための専任開発担当者をおいて、市場ニーズを捉えるための開発活動を行なっているかどうかも重要なポイントである。
卸売業	●適正在庫量を捉え、発注方法は決められているか。 ●品揃えの基準はあるか。それは自社独自の方法によっているか。 ●輸送に関して、外注輸送と自家輸送の採算計算、外装容器の選択基準、期間別輸送計画、積載能力、総輸送量に占める納期指定の輸送量率の把握が行なわれ、交通事情調査等を実施しているか。 ●物流費の全予算に占める予算比率はどのくらいか、内訳管理、統計調査は行なっているか。 ●メーカーの商品特性を把握し、小売店情報の入手がシステム化されているか。小売店へは独自の方法で販売促進に取り組んでいるか。 ●取引条件は明確にし、基本契約は交わしているか。

業種・業態	調　査　ポ　イ　ン　ト
時計・メガネ店	● 製造技術の革新、大規模店の進出等、業界環境は大変動を遂げつつある。一般店では、旧来の方式を続けて、より地域密着化を図るか、あるいは大量販売方式を指向するかの分岐点にあるものも多い。 ● 粗利益が高いから安泰ということではなく、粗利益の低下に対応した経費の削減ができる体制がつくれるかどうかを注視していくことが必要である。特に修理部門を併営する「時計屋」の今後の対応には十分注意する必要がある。 ● また、メガネの販売に関しては、コンサルティング能力を有する技術者の存在が重要となっている。
パソコンショップ	● 立地条件や商圏が好条件であるか。それによってその店の性格を見分けたうえで、接触していく。 ● ハード・ソフト両面にわたってノウハウを要することから、経営者はもちろん従業員の資質や教育・育成面はどうかを見極めることが必要である。 ● 有力メーカーの人気機種を取り揃えて、消費者ニーズを常に把握する体制になっているか。 ● 販促・アフターサービス体制について十分考慮した経営方針をもっているかチェックすることも大切である。 ● 機種のレベルアップが著しいので、陳腐化しないように、商品管理に目を配っているか注意する。
ディスカウントショップ	● 利益管理、在庫管理等が徹底的に周知されているかは、十分注意を払う必要がある。
DIY店（ホームセンター）	● 有望な市場だけに、それだけ競争が激しく、在庫管理、消費ニーズの把握、DIYアドバイザーの養成に注力しているかが重要なポイントになる。
不動産(取引)業	● 誇大・虚偽広告、報酬の不当請求など悪質業者に注意する。したがって営業免許の取得、取引主任者の有無を確認する。 ● 開廃業の著しい業種といわれる。また、休業率も大きい。したがって、休廃業の兆候を事前に察知しなければならない。 ● 営業収入のなかで、固定収入をどの程度確保しているかを確認しておく。 ● 物件情報のネットワークをどの程度利用しているか。仲間うちの提携の程度、また各種の業種団体への加入状況など（業界団体の信用力を把握しておく）。 ● 不動産鑑定の能力や取引に関する法律知識は十分か。 ● 最後は、経営者の人格が顧客の信頼を左右するので、まず評価が第一である。

第4章　調査力不足対策

業種・業態	調　査　ポ　イ　ン　ト
工務店	● 仕掛工事と受注残高により返済能力をみる。 ● 下職、特に大工の施工能力をみる。 ● 後継者が育っているかをみる。 ● 遊休不動産の有無。
電気工事店	● 許可業者か登録業者か、また大臣許可か知事許可かを確認する必要がある。施工管理能力、技術力を見極めるとともに、請負工事か手間工事か材料持ちかもポイントになる。入札資格や指定業者ランクも目安となる。
室内装飾	● 小売専門店＝商品の品揃え、高級品志向か一般品志向かに注意する。チラシ広告等宣伝に力を入れているか。 ● 施工業者＝ゼネコンと取引があるか、あるとしたらどこか。施工業者の理想的姿は、官公需10％、ゼネコン50％、中小工務店20％、エンドユーザー20％といわれている。この業態ならば、粗利益が低く手形の長いゼネコンや工務店の分を、官公需やエンドユーザーで資金繰りをカバーできる。 ● 銀行融資について＝一流ゼネコン等の約手は問題ないが、倒産率の高い業種であるから、振出人についてはおおいに注意が肝要である。長期借入金は返済原資に留意すること。
材木店	● 交通の便、材木置き場面積などの立地条件は経営上重要なポイントである。全国的にみると、新潟、秋田、山形、青森、岩手の木造率が高く、東京、大阪は最低である。 ● 木材需要は今後も低迷が続くとみて、新建材等の建築関連商品へ品揃えを広げていく傾向にある。 ● 弱小の建築業者や工務店などについて、十分な信用調査がなされているかをチェックする。また、木材販売等の倒産件数は減少傾向にあるが、同業者の連鎖倒産に要注意である。 ● 従業員は、激しい肉体労働のため定着率がよくないので、従業員預金の効用を理解させる。
自動車整備業	● 整備需要の内容は、①定期点検、②臨時整備、③故障修理に大別される。 ● 経営者の物の見方・考え方を知ることがポイントである。職人気質が強いことに注意。認証工場・指定工場の確認、有資格者（整備士）の質と人数、固定客の比率、工賃売上、部品売上、外注売上の構成とバランス、積極的な営業活動をしているか。

業種・業態	調　査　ポ　イ　ン　ト
衣料店	● ファッション性がますます強くなり、大きな流れとして専門店化が避けられず、それだけ経営はむずかしくなってきている。不良在庫の発生が季節資金の圧迫を生んだり広告宣伝費の過大支出等が収支状況に影響を与えていることがある。 ● また、近隣の大型店等の影響を受けていないか、ボランタリーチェーンへの加盟、専門化による客筋の固定化等に努力しているかをみると同時に、経営者のファッション感覚も重要なチェックポイントといえる。
化粧品店	● 経営者は事業家としての意識をもった積極的な仕事振りを展開しているか。 ● 立地条件は繁華街で、通行人は多いか。 ● 店舗は商品のイメージを具体化したものとなっているか。 ● 美容情報を提供できるスタッフがいるか。 ● 固定客がついており、また増えているか（事業維持のためには400人の固定客が必要といわれている）。 ● 近隣同業者（薬局、洋品店、スーパー等）との競合状況はどうか。 ● 取扱商品は顧客のニーズに応え得る構成になっているか。また商品は制度品が中心か、一般品が中心か。 ● メーカーとの関係は良好で、十分な支援を受けているか。
文房具店	● 多品種在庫の管理状況がポイントで、実地棚卸しをどの程度やっているかが管理水準のメルクマールとなる。 ● 売上に季節性があり、3〜4月、12〜1月が繁忙期となっている。閑散期にタイミングよく売込みを図りたい。 ● ギフト商品、ファンシー用品、ラッピングペーパーなどファッション性のある商品が伸びており、これらへの前向きな取組状況を聞く。
医薬品店	● 薬局・薬店は、5年ごとに設備刷新を図っているところが多い。資金計画、設備投資計画の状況を聞き出す。調剤薬局化を望む経営者かどうかを聞く。提携病院の有無もポイント。資金計画・経営方針の確立などの営業努力の状況を聞く。
家庭電器店	● 家庭電器業界内の格差が厳しく、一律な対応はむずかしい。メーカー系列の強弱があり、生業的零細店にはボーナス期など売上に季節性がある。最近は商品が高機能化・多様化してきており商品に対する十分な知識をもっているか、商圏内の顧客情報の管理ノウハウなどについてはどうか、十分注意することが必要である。

第4章 調査力不足対策

与信限度額の設定方法と与信管理のポイント

 自社に合った設定方法を採用すること

　営業部門と管理部門の調査結果が出揃い、管理部門での専門的審査技法を駆使してその取引候補先に"取引してもよろしい"と結論が出ると、ここで初めて取引開始ということになります。新規であれば、営業部門が、図表4－11の新規取引開始許可申請書を作成します。

与信限度額の設定

与信限度額を設定するにあたって、「絶対的な方法」というものはありません。その理由は、それぞれの企業がそれぞれの環境で事業を行なっているためです。与信限度額は、営業マンの"売りすぎ"にブレーキをかけることにより回収できない売掛金を増やさないようにするために設定するのです。

図表4－11
新規取引開始許可申請書

新規取引開始認可申請書

年　月　日

申請者	部　　　　課

決裁	担当役員	決裁日	与信限度額
		月　日	千円
		有効期限	年　月　日まで

	部			営業部		
	部長	課長	担当	部長	課長	担当

1. 取引先概要（法人・個人）　（得意先コードNo.　）

得意先名		本店所在地 〒	TEL			
代表者名	年齢（　）	住所 〒			設立	年　　月
資本金	百万円	月商・年商	百万円	配当 有・無	従業員	名
系列関係		主要株主				
		主力銀行				
業種・主要取扱品目等			主要販売先			
当社との従来の取引			主要仕入先			

2. 取引内容

納入品名		与信限度額	申請	新	千円
納入場所				旧	千円

当初の予定月商	数量		金額	千円		
目標月商	数量	金額	千円	月間売益	千円	売益率　　％
回収条件	現金　　％	相殺　　％	自己振手形	千円	回り手形	％
	請求締切日　　日	入金日　　日	起算日　　日	サイト　　日	債権日数計	日

取引開始経緯または信用限度増枠の理由	担保・保証等の取引予定または取得状況

総合所見	営業部長／営業課長（該当○印）

3. 指示事項

部意見	部　可　否　条件付可

しかし取引の前には、必ず取引限度（与信限度）の設定を行なっておきます。

与信限度の設定にあたっては、**図表4-12**のようなメリットとデメリットがあります。

図表4-12
与信限度額設定のメリットとデメリット

メ　リ　ッ　ト	デ　メ　リ　ッ　ト
1 取引の迅速化が図れる 　　受注のつど信用状態を調査しなくても売掛金残高と与信限度額を照合するだけでよいので、迅速に対応でき商機を逸することがない。	**1** 営業部門の販促活動を萎縮させる 　　いったん設定した限度額が現状を反映していない場合には、せっかくの商機を逸することになりかねない。
2 売掛金管理のポイントが絞れる 　　与信限度額の設定段階で信用調査を行なうので、取引先が絞り込まれる。	**2** 限度額の更新が煩わしい 　　常に業界の最新事情と販売動向とを照合した内容に更新しようとすれば、調査が煩わしいものとなる。
3 貸倒れの被害を食い止められる 　　万一、相手方が支払不能に陥った場合にも貸倒れの被害が与信限度額内に収まり、歯止めが効く。	**3** 惰性に流されやすい 　　与信限度額内ならよいということになると、営業担当者の得意先を見る目が甘くなりがちで、機敏に対応ができないことにつながりやすい。
4 信用調査を効率的に行なえる 　　与信限度額の設定・更新を定期的に繰り返すことにより、精密な信用調査が行なえるようになり、重点調査先を絞り込めるようになる。	**4** 得意先の心証を害することもある 　　取引関係を見るときに、相手によってはその限度額が低過ぎると心証を害して、取引に差し障りが生ずることもある。

与信限度額はこうして設定する

　与信限度額（極度額）は具体的にどのように決めるのかというと、代表的な方法は図表4-13のとおりです。このうちどの基準を採用するかは、各社それぞれの規模や政策によって異なります。

　自社に適した方法を選択してください。それぞれの方法について、簡単に利点と欠点をまとめておきます。

エピソード＜K主任は与信限度を守りながら目標達成＞

K主任は、得意先別の取引の制限である与信限度額を守りながら目標達成している。信用度の高い得意先にはしっかりと限度まで販売し、信用度に合わせて与信の増額申請を実施している。また、信用度の高い得意先を新規に開拓して、着実に成果を出している。

第4章　調査力不足対策

図表4-13
与信限度額の設定方法

3年間粗利法 　商品の粗利益に3年間の売上を掛けて限度額とする。	**利点** = 万一、貸倒れの際には3年分の粗利益で補填するという合理的な考え方である。 **欠点** = 取引実績がない新規取引先には適応できない。
売上高予想法 　取引先の販売能力＝取引先の信用力という考え方から、売上予測による計算を行なう。	**利点** = 簡便なので新規取引や緊急の取引に適応できる。 **欠点** = 他の方法と併用しないと危険である。
販売目標管理法 　販売担当者が得意先の販売目標等を設定し、それにより限度額を設定する。	**利点** = 実績のある得意先との対応に便利である。 **欠点** = 得意先の信用状態が考慮されていないので、他の手段と併用しなければならない。
基準支払能力の3倍法 　基準支払能力を算定して限度額を決める。 基準支払能力＝（担保物件の時価×0.7）＋保証金＋（保証人不動産評価×0.7） 基準支払能力×3＝与信限度額	**利点** = 利用しやすい方法であり、企業によって倍率に差をつける。 **欠点** = 相手の信用状態を考慮していない。
担保による設定法（法的与信限度） 　得意先の担保資金（不動産、動産、債権等）の処分によって発生する金額を与信限度とする。	**利点** = 保全面からは確実である。 **欠点** = 資産の保有額のみによる判定である。
月間信用期間法 ①得意先の評価要素（経営者の手腕、社員の意欲、商品力、販売力、資産）を評価して、その百分率を総合評価点数とする。 ②得意先規模別の月間目標販売高、新規月間取引基準額を決める。 ③売掛期間は、出庫日（請求日）より現金になるまでの平均期間を、過去の支払状況を併せて聞き取る。 ①×②×③＝与信限度額とする。	**利点** = 中小規模小売店に対応する際に簡便法として利用されている。 **欠点** = 信用度指数を割り出すために、各評価要素を厳正にチェックする経験と洞察力が必要となる。

最近よくみかける与信限度の設定方法

　計算式は、得意先の仕入債務（買掛金＋支払手形＋裏書譲渡手形）に対して一定割合で与信限度を設定する方法です。

　得意先の仕入債務を基準にしています。この方法は、一定割合をどう設定するか、という点が最大の問題です。相手先が決算非公開の場合は仕入債務をつかめないという欠点はありますが、外部からでもある程度推測できる、という利点があります。

　この仕入債務を基準にする方式が汎用性があり比較的多く使われています。なお算式の「一定割合」は、各社の規模や考え方によると思いますが、最悪の場合でも最高額の債権者とならず撤退しやすいという理由から、上限を30％に置くという考え方があります。

　どんなに優秀な得意先でも、自社の能力をはるかに超える与信を設定すべきではありません。

　そのほかには、得意先の信用度を加味して決める月間信用期間法も使われています。

与信管理はここを押さえておけば大丈夫

　与信限度（取引限度）が設定されると、いよいよ取引開始ですが、取引は日々行なわれ、得意先も日々活動し、その業績内容も変化していきますから、取引継続にあたっては限度管理・売掛金管理が必要となります。

継続的な信用調査で、与信の変化をチェックする。

第4章　調査力不足対策

**図表4－14
与信管理の7つのポイント**

ポイント1　与信限度管理と売掛金管理は営業部で行ない、管理部は側面的管理を行ないます。

ポイント2　営業部は、常に与信限度や売掛金の推移を念頭に置いて取引を行なうべきです。

ポイント3　与信取引限度は絶対厳守です。与信限度未設定や与信限度オーバー、期限切れ、条件違反などの「限度違反」をする営業担当者は、何事にもルーズで注意が散漫しています。

ポイント4　与信限度違反を起こしそうになったら、営業部は遅滞なく管理部に報告・相談します。

ポイント5　管理部はできるだけ速やかに営業部と相談し、対策を立てます。

ポイント6　管理部が限度違反を発見した場合は、速やかに営業部に警告します。

ポイント7　営業部、管理部それぞれの立場において情報入手に努め、重要事項については、そのつど相互に情報交換します。信用状態に変化を及ぼす情報を入手した場合は、仮に与信限度内といえども売掛金を圧縮し、必要に応じて保全策をとります。

5 危ない会社を見分ける観察・ヒアリング調査ポイント

　取引先の現状が一番良く見える立場にいるのは、日常の業務でやりとりをする営業担当者と請求書を発行したり入金の確認をする事務担当者です。とくに、最前線で一番よく見えているのは営業担当者です。小規模な事業所においても大規模な事業所においても、取引先の与信管理は非常に重要な業務です。取引先の信用度を確認する方法としては、決算書の分析が一般的ですが、経営環境の変化が激しい現状においては信用調査会社の調査報告書や決算書だけの判断では不安が残ります。通常の業務の中でも"与信"を判断する材料は数多くあり、営業担当者は、財務の数値や調査報告書の評点には表われていない兆候から、取引先の危機を読み取ります。まずは、図表４−15の「信用調査チェックシート」を参考に数回の訪問時に確認して上司や管理部門に報告しましょう。

エピソード＜Ｌ係長の信用調査力の鍛え方＞

Ｌ係長の信用調査力の鍛え方が素晴らしい。社内の信用調査チェックシート60の調査項目の着眼点をしっかり押さえて得意先の訪問を実施していているストイックさがすごい。得意先の経営状況は変化するため、自分のスマートフォンに信用調査チェックシートを入れて訪問時に意識して信用情報を更新している。Ｌ係長は、15年連続回収率100％だ。

第4章　調査力不足対策

図表4−15
信用調査チェックシート

※情報不足で解らない時は、3点
〔経営者について〕

1．ワンマン経営でブレーンがいない、または機能していない

採点	（　）当てはまる	5点
	（　）やや当てはまる	3点
	（　）当てはまらない	0点

着目点：創業社長に多く、アイデアや営業能力は非常に高いのだが、部下には「イエスマン」が多く、社長に反対意見を言える幹部社員がいない。いても意見具申がまったくないので、会社は危ない方向に向かう。最近のベンチャー型の企業に多い傾向がある。

2．優柔不断で意思決定が遅い

採点	（　）当てはまる	5点
	（　）やや当てはまる	3点
	（　）当てはまらない	0点

着目点：人あたりがとてもよく、協調性や社会性が高い。しかし、どこかで嫌われたくない気持ちがあるため、周りに気遣うことが多く、意思決定がどうしても遅くなって、会社は危ない方向に向かう。2代目、3代目、4代目社長に多くみられる。

3．本業と関係のない肩書きが多すぎる。本業以外のことで忙しい。

採点	（　）当てはまる	5点
	（　）やや当てはまる	3点
	（　）当てはまらない	0点

着目点：公の役職に就くのが好きで仕事欲よりも名誉欲が人一倍強いタイプ。そのために業界の役員を自らかって出たり、「会長」「理事」「代表」などの推薦を受けると意欲的になり、本業を忘れる傾向がある。自分の会社にあまり出社しなくなり、部下に任せっぱなしになるので、会社は危ない方向に向かう。

4．不在が多く自社の経営に時間をかけていない

採点	（　）当てはまる	5点
	（　）やや当てはまる	3点
	（　）当てはまらない	0点

着目点：電話をかけても不在が多く、行き先を社員が把握できていない。経営者自らの営業活動で不在が多いのはよいが、金融機関に資金繰りに飛び回ったり、遠方の会議やゴルフ場へ出かけることが多いのは、自社の経営に時間をかけていないので、危ない方向に向かう。経営に熱心な経営者は、だれよりも早く出社し、事業に取り組んでいる。

5．役員間で目指す方向性や意識がばらばら

採点	（　）当てはまる	5点
	（　）やや当てはまる	3点
	（　）当てはまらない	0点

着目点：会社経営は、経営理念をもとに社長や役員の意識が同じベクトルに向いていることが望ましい。しかし、役員間で目指す方向性や意識がばらばらでは、会社の経営資源を有効に活用できないので、危ない方向に向かう。会社経営はチームワーク、コミュニケーションが大事。

6．経営者に会社の基本的な数値を聞いても答えられない

採点	（　）当てはまる	5点
	（　）やや当てはまる	3点
	（　）当てはまらない	0点

| 着目点 | 経営数値は会社の経営の結果を表わしている。売上高や売上総利益（粗利益）は、毎月の月末の数値で把握しているだけでは不十分。経営者なら、売上高、売上総利益、営業利益、経常利益、現在の現金預金残高を把握していることは最低条件。これを把握していないのは、経営の実態をとらえることができていないので、危ない方向に向かう。 |

7．秘密主義で会社の実情を開示に消極的

採点	（　）当てはまる	5点
	（　）やや当てはまる	3点
	（　）当てはまらない	0点

| 着目点 | 会社の実情を社員に話さない、ごく一部の社員だけが知っている状態の会社。また、会社の経営方針を発表しなかったり、事業計画を外部の利害関係者にも披瀝しない会社は、経営者が秘密主義なので支援者が少ない。 |

8．技術偏重、営業偏重、またはコスト意識に欠けるなど、経営バランス感覚が不十分

採点	（　）当てはまる	5点
	（　）やや当てはまる	3点
	（　）当てはまらない	0点

| 着目点 | （原因）　経営は、人・物・金・情報・時間・技術などの経営資源を効率よく、バランスよく活用して継続させていくことが求められる。しかし、「利益は取れなくても技術力を高めろ」「売れればいい」「とにかくムダをなくせ」など何かに偏りすぎているのは、健全経営には好ましくないので、危ない方向に向かう。 |

9．経営者が高齢で後継者が決まっていない

採点	（　）当てはまる	5点
	（　）やや当てはまる	3点
	（　）当てはまらない	0点

| 着目点 | （原因）　社長が70歳を超えて活躍している会社も少なくない。しかし、会社は継続していく責任があるので、会社継続のために、常に優秀な後継者を育てることが求められる。いつまでも後継者が決まっていないのは「事業の継承計画」ができていないので、危ない方向に向かう。 |

10．経営理念が希薄

採点	（　）当てはまる	5点
	（　）やや当てはまる	3点
	（　）当てはまらない	0点

| 着目点 | （原因）　企業理念は、創業当初の理念なので、存続している間は継続的にもっている会社経営の思いである。しかし、経営理念は、環境変化を考慮して打ち出すものである。激変の時代において経営理念が10年前と同じなのは、事業の変化対応力が欠如しているので、危ない方向に向かう。 |

11．人材の育成に熱心でない

採点	（　）当てはまる	5点
	（　）やや当てはまる	3点
	（　）当てはまらない	0点

| 着目点 | （原因）　「企業は人なり」「教育はすべての業務に優先する」などの言葉がある。企業を支えているのは、人材である。人材育成に熱心でない経営者は、有能なブレーンを育てることができない。育てる風土のない会社は人材不足になるので、危ない方向に向かう。 |

第4章　調査力不足対策

12. 公私混同が激しい

採点	（　）当てはまる	5点
	（　）やや当てはまる	3点
	（　）当てはまらない	0点

| 着目点 | （原因）「会社のお金」と「社長のお金」の区別がついていない状態。自分の家庭のことまで指示命令して社員を使う。経営者は公人、仕事を離れたら私人である。この区別をきちんとつけられない経営者は社員からの信頼をなくし、求心力が低下するので、危ない方向に向かう。 |

13. 有能な幹部が退職した。役員の変更が激しい

採点	（　）当てはまる	5点
	（　）やや当てはまる	3点
	（　）当てはまらない	0点

| 着目点 | （原因）　会社を支える幹部の退職や役員の変更は内紛の兆候。有能な幹部は、経営者の頼りになる存在であり、その幹部の退職は、経営に大きく影響すると推測できる。経営者よりもその幹部に信用があり、得意先も付き合ってもらえたとも考えられる。商業登記簿の役員欄の変更も気になるので、こうしたことが頻繁だと危ない方向に向かう。 |

14. 会議の回数が増えている

採点	（　）当てはまる	5点
	（　）やや当てはまる	3点
	（　）当てはまらない	0点

| 着目点 | （原因）　会議は、コミュニケーションの手段としてはよい。しかし、会議で何が決まり、何が実行されるかが明確に決議されているか気になる。物ごとが決まる会議なら問題ないが、決まらない会議が増えているようであれば、会社が迷走していると思われるので、危ない方向に向かう。 |

15. 健康を害している

採点	（　）当てはまる	5点
	（　）やや当てはまる	3点
	（　）当てはまらない	0点

| 着目点 | （原因）　経営者イコール会社である。経営者が不健康になると会社も不健康になる。経営者が健全であれば、積極的な政策が打てる。倒産会社の70％は、何らかの疾患者でした。体の調子が不安定で不健康では、新しい挑戦のパワーが出ないと推測できるので、危ない方向に向かう。 |

16. 身だしなみが悪い

採点	（　）当てはまる	5点
	（　）やや当てはまる	3点
	（　）当てはまらない	0点

| 着目点 | （原因）　経営者の身だしなみは、心の変化の表われでもある。以前はとても身だしなみがよかったのに、最近悪くなっていれば、私生活や会社運営に不安な状態があり、自分の身だしなみまで気を配ることができなくなっている。逆に、派手になってきたのも気持ちの変化である。いずれも経営者の内面に変化があることは確かである。長く続くようであれば経営に影響するので、危ない方向に向かう。 |

17. 家庭不和

採点	（　）当てはまる	5点
	（　）やや当てはまる	3点
	（　）当てはまらない	0点

| 着目点 | （原因）　経営者も家庭をもっている。家庭の中で争いやもめごとがあると仕事に集中ができない。気持ちが経営に絞れないので経営の舵取りに影響が出る。家庭環境が悪いと経営者の気持ちが不安定になるので、危ない方向に向かう。 |

〔社内の雰囲気・従業員について〕

18. 会社の看板がみすぼらしい。看板が汚れている

採点	（　）当てはまる	5点
	（　）やや当てはまる	3点
	（　）当てはまらない	0点

着目点　（原因）　会社の看板は、きれいでわかりやすいものがお客様の気持ちを引きつける。しかし、看板はあっても古く、汚れているようでは、商売をする姿勢を疑われる。また、経営の実態が不明確な会社は危ない方向に向かう。

19. ホームページの内容が３か月以上更新していない

採点	（　）当てはまる	5点
	（　）やや当てはまる	3点
	（　）当てはまらない	0点

着目点　（原因）　ホームページは会社の熱い思いが込められており、目指す方向性を表わしている。しかし、ホームページに新しい情報を掲載する積極性と前向きな姿勢が重要である。しかし、ホームページの内容が３か月以上更新していないのは、躍動感が落ちてきているので、危ない方向に向かう。

20. 事務所全体の雰囲気が暗い。覇気がない

採点	（　）当てはまる	5点
	（　）やや当てはまる	3点
	（　）当てはまらない	0点

着目点　（原因）　事務所は、仕事を効率的に行なうための場である。仕事は、楽しく、正確に、早く、安全に行なうことが大切だが、雰囲気が暗いようでは、正確な仕事、迅速な処理、安全な対応ができるか不安を感じるので、危ない方向に向かう。

21. 訪問して呼びかけてもお迎えの姿勢がない

採点	（　）当てはまる	5点
	（　）やや当てはまる	3点
	（　）当てはまらない	0点

着目点　訪問して社員に呼びかけてもだれも応じないのは、応じることの意識が薄れているからである。これは、お客様を大切にする意識よりも自分を大切する意識が優先している表われ。お客様を軽視するような姿勢は、収益減少に直結するので、危ない方向に向かう。

22. 女性社員の表情が暗い

採点	（　）当てはまる	5点
	（　）やや当てはまる	3点
	（　）当てはまらない	0点

着目点　（原因）　女性社員のなかでも事務所のスタッフの表情が暗いのは、その部門や組織マネジメントがよくない傾向にある。指示があいまいで、仕事での人間関係が悪くなっており、上司への不信感が原因と推測できる。女性社員の仕事の効率が悪いと事務機能が低下するので、危ない方向に向かう。

23. 事務所全体が雑然としている。整理整頓ができていない

採点	（　）当てはまる	5点
	（　）やや当てはまる	3点
	（　）当てはまらない	0点

着目点　（原因）　事務所が雑然としているのは、社内のモラール低下の兆候である。仕事が進めやすいように整理し、必要なもの、不要なもの整頓して初めて効率よく仕事の成果を出すことができる。しかし、雑然としている事務所は、効率よく仕事が進められないと推測できるので、危ない方向に向かう。

第4章　調査力不足対策

24. 従業員が高齢者ばかりである

採点	（　）当てはまる	5点
	（　）やや当てはまる	3点
	（　）当てはまらない	0点

| 着目点 | （原因）　従業員が高齢なのは、若い従業員が入社しても居心地に悪い組織で、気持ちよく仕事ができない職場風土があると推測できる。高齢な従業員は現在も優秀かもしれないが、企業が存続するためには若い人材を育成して知識や技術を伝承する仕組みが必要。その仕組みができていないと見受けられる企業は、危ない方向に向かう。 |

25. 従業員の動きに躍動感を感じない

採点	（　）当てはまる	5点
	（　）やや当てはまる	3点
	（　）当てはまらない	0点

| 着目点 | （原因）　従業員は、月間、週間の計画を立てて、日々のスケジュールを効率よく推進することが望ましい。従業員に計画性をもたせていない企業は、企業に躍動感が減少している傾向があるので、危ない方向に向かう。 |

26. 従業員が定着しない、または人減らしを始めた

採点	（　）当てはまる	5点
	（　）やや当てはまる	3点
	（　）当てはまらない	0点

| 着目点 | （原因）　従業員が定着しないのは、決めたことや約束を守らない有言不実行など信頼関係が築けない体質が、会社組織のなかにあるのが原因。また、経営努力の前に人材の削減に着手するのは、政策が短絡的なので、危ない方向に向かう。 |

27. 経理担当者が退職した

採点	（　）当てはまる	5点
	（　）やや当てはまる	3点
	（　）当てはまらない	0点

| 着目点 | （原因）　経理担当者は、きわめて冷静で客観的な立場にいる。多くの経理担当者は企業会計原則にもとづき、ルールどおりの経理処理をしている。その経理担当者が退職する原因には、経営者に対して経理の立場から意見具申しても通じない状態が考えられる。内部の放漫経営に警鐘を鳴らしても、聴き入れない経営者の存在があるので、危ない方向に向かう。 |

28. 従業員に愚痴や不満が多い

採点	（　）当てはまる	5点
	（　）やや当てはまる	3点
	（　）当てはまらない	0点

| 着目点 | （原因）　従業員の口から愚痴や不満が多く出るのは、評価制度、人事制度、組織に納得感が薄れてきているからである。経営手段としての制度、組織を従業員に納得をさせられない企業は、進むべき方向性がブレ、組織の求心力は低下するので、危ない方向に向かう。 |

29. 不審な人物が出入りしている

採点	（　）当てはまる	5点
	（　）やや当てはまる	3点
	（　）当てはまらない	0点

| 着目点 | （原因）　会社にとって不審な人物とは、会社に不利益をもたらす人であったり、通常はあまり用のない人物である。例えば、不利益をもたらす人には、社長との交友関係からみて世界の違う雰囲気の人物の出入りは気になる。また、弁護士、司法書司は不審者ではないが、日ごろよく訪れる人ではないので、法的なトラブル処理の状況があると推測でき、危ない方向に向かう。 |

〔営業内容について〕

30. 取り扱っている商品・サービスの競争が激しい

採点	（　）当てはまる	5点
	（　）やや当てはまる	3点
	（　）当てはまらない	0点

着目点　取り扱っている商品の競争が激しいと売上に影響する。また、市場における商品の寿命が成長期から成熟期に入ると営業利益が低下する。商品やサービスの提供の仕方に工夫や変化がないと、危ない方向に向かう。

31. 市場が狭すぎる

採点	（　）当てはまる	5点
	（　）やや当てはまる	3点
	（　）当てはまらない	0点

着目点　（原因）　営業活動をしていて、あまりにも市場が狭いようであれば経営の伸び率も限られてくる。地域限定の営業もよいが、インターネットを活用した営業展開の構想がない企業は、成長不安があるので、危ない方向に向かう。

32. 取引先（仕入先）がころころ変わる

採点	（　）当てはまる	5点
	（　）やや当てはまる	3点
	（　）当てはまらない	0点

着目点　（原因）　特に取引先（仕入先）がころころ変わるのは、取引先との信頼関係が築けていないと推測できる。経営活動は、双方の信頼関係があってうまくいくものである。ころころ変わるようでは、問題ありと推測できるので、危ない方向に向かう。

33. 扱い商品がころころ変わる

採点	（　）当てはまる	5点
	（　）やや当てはまる	3点
	（　）当てはまらない	0点

着目点　（原因）　扱い商品がころころ変わるのは、経営陣の方針が揺れ動いていると推測できる。「選択と集中」などの経営が十分にできていないので、危ない方向に向かう。

34. 売り急ぎや値引き・ダンピングをしている

採点	（　）当てはまる	5点
	（　）やや当てはまる	3点
	（　）当てはまらない	0点

着目点　（原因）　売り急ぎやダンピング販売の原因は、早く商品を現金化したいからである。会社のキャッシュフローが悪くなってきていると推測できる。資金繰りが思わしくないと考えられるので、危ない方向に向かう。

35. 在庫に大きな増減がある。荷動きが不自然

採点	（　）当てはまる	5点
	（　）やや当てはまる	3点
	（　）当てはまらない	0点

着目点　（原因）　製造業などで期末在庫をチェックすると仕掛品よりも製品在庫が多かったり、小売業では店頭在庫が多いといった場合は、資金繰りに影響が出てきている。逆に、店頭在庫が日ごろよりも少ないのは、仕入先が出荷停止したなどの影響が推測される。在庫の増減は、資金繰りに影響するので、危ない方向に向かう。

36. 設備投資が過大

採点	（　）当てはまる	5点
	（　）やや当てはまる	3点
	（　）当てはまらない	0点

第4章　調査力不足対策

着目点	（原因）　製造業は、設備がなければ操業できない。しかし、投資した設備機械が稼働しない状態や無計画な設備投資は、資金繰りに影響するので、危ない方向に向かう。

37. 納期に遅れが発生する

採点	（　）当てはまる　　　　　　　5点 （　）やや当てはまる　　　　　3点 （　）当てはまらない　　　　　0点
着目点	（原因）　注文を受けて、納期までに納品する状態に遅れが発生したら、仕入先に商品が入ってこないという問題が起きる。納期を守れない事情（人的な面であることが多い）が社内に発生していると考えられる。納期の遅れは自社の信用にも影響するので、危ない方向に向かう。

38. 強力なライバル会社が出現した

採点	（　）当てはまる　　　　　　　5点 （　）やや当てはまる　　　　　3点 （　）当てはまらない　　　　　0点
着目点	（原因）　いままでは、独占市場で経営を行なっていた会社でも、他社の市場への殴り込みは常に意識しておかなければならない。自社の営業方法を研究し尽くして出現した競合先は、いろいろな戦略を準備している。的確な予防策を講じていない企業は、急に業績不振になるので、危ない方向に向かう。

〔財務内容について〕

39. 減収減益が3年以上続いている

採点	（　）当てはまる　　　　　　　5点 （　）やや当てはまる　　　　　3点 （　）当てはまらない　　　　　0点
着目点	（原因）　3年連続で減収減益の状態の会社は、現在の扱い商品やサービスに問題がある。また、営業方針にも問題がある。2年目で政策転換ができていない会社は、経営陣の発想が枯渇しているので、危ない方向に向かう。

40. 赤字が3期以上続いている

採点	（　）当てはまる　　　　　　　5点 （　）やや当てはまる　　　　　3点 （　）当てはまらない　　　　　0点
着目点	（原因）　当期純利益が3年間損失の状態である。損失（赤字）の状態が3年というのは、利益（黒字）回復のための具体的政策を打つことができていないためである。また、損失の原因を徹底追求できない危機意識の希薄な経営陣と見受けられるので、危ない方向に向かう。

41. 主力銀行からの借入金が減る一方である

採点	（　）当てはまる　　　　　　　5点 （　）やや当てはまる　　　　　3点 （　）当てはまらない　　　　　0点
着目点	（原因）　いままで長いお付き合いをしてきたメインの銀行からの借入金が減るのは、人的担保、物的担保が不足してきている状態。成長の見込みが薄れている状態と推測できるので、危ない方向に向かう。

42. 取引銀行がよく変わる

採点	（　）当てはまる　　　　　　　5点 （　）やや当てはまる　　　　　3点 （　）当てはまらない　　　　　0点

着目点	(原因) メイン銀行から見放された企業は、次の銀行との取引を考える。次の銀行との取引実績は短いので、条件のよい借入れや割引はできない。通帳の数が増えるにつれて経営状態は危険な状態になるので、危ない方向に向かう。

43. 有利子負債が年商以上ある

採点	( ) 当てはまる	5点
	( ) やや当てはまる	3点
	( ) 当てはまらない	0点

着目点	(原因) 長期、短期の負債が年間の売上を上回るのは異常な状態である。貸付側の条件がどのようなものか疑問を感じる段階なので、危ない方向に向かう。

44. 有利子負債が前期と比べて月商の2か月以上変動している

採点	( ) 当てはまる	5点
	( ) やや当てはまる	3点
	( ) 当てはまらない	0点

着目点	(原因) 月商の2か月でさえも返済はむずかしい状態である。それが2か月以上に膨れ上がるのは資金繰りに大きく影響するので、危ない方向に向かう。

45. 売上債権や在庫の水準が急増している

採点	( ) 当てはまる	5点
	( ) やや当てはまる	3点
	( ) 当てはまらない	0点

着目点	(原因) 売上債権(売掛金、受取手形、未収金)が増加しても、債権の回収ができていればよい。しかし、債権の回収サイト(期間)が伸びているのは心配になる。また、在庫(商品・製品・仕掛品)が急に増加しているのは、在庫管理に問題が発生している。これが改善されないようであれば、危ない方向に向かう。

46. 売上が減っているのに、利益水準が同じ(粉飾の疑い)

採点	( ) 当てはまる	5点
	( ) やや当てはまる	3点
	( ) 当てはまらない	0点

着目点	(原因) 売上が毎月減少しているのに、利益率が同じなのは疑問。売上原価の無計上、過小計上、資産の評価損を過小計上・無計上、その他の費用の無計上・過小計上などが考えられる。不正な経理により利益操作しているので経営内容が悪化しており、危ない方向に向かう。

47. 売上高が極端に急増している

採点	( ) 当てはまる	5点
	( ) やや当てはまる	3点
	( ) 当てはまらない	0点

着目点	(原因) 売上高が急に増加しているのは、売上の架空計上、翌期の売上を先取りして計上、売掛金の回収を現金売上に計上、前受金の入金を売上に計上、借入金を現金売上に計上などの工作で、売上高の減少を不正経理している。資金繰りの悪化が推測できるので、危ない方向に向かう。

48. 仕入先からの受取手形がある(融通手形の疑い)

採点	( ) 当てはまる	5点
	( ) やや当てはまる	3点
	( ) 当てはまらない	0点

着目点	(原因) 販売先からの受取手形は普通だが、仕入先からの受取手形は不自然である。これは、経営者同士が打ち合わせをして資金繰りを考えており、お互いの経営者が資金を融通する動きがある。資金繰りが悪化していると推測できるので、危ない方向に向かう。

第4章　調査力不足対策

49. 手形が市中金融に流れている

採点	（　）当てはまる	5点
	（　）やや当てはまる	3点
	（　）当てはまらない	0点

着目点	（原因）　売掛金が受取手形に変わり、その受取手形のサイトが長くなった場合、資金繰りのために銀行へ割引の要請をする。銀行に割引を断られれば、経営者は市中の手形割引の金融筋に依頼することになり、手形が市中金融に流れていく。この状態は資金繰りの悪化が推定できるので、危ない方向に向かう。

50. その他の流動資産の残高が多い（粉飾の疑い）

採点	（　）当てはまる	5点
	（　）やや当てはまる	3点
	（　）当てはまらない	0点

着目点	（原因）　現金、預金、売掛金、受取手形、商品等が主な流動資産だが、これ以外に、前払費用、短期貸付金、未収入金の期末残高が多いのは、意図的な計上も考えられる。とくに、短期借入金は、何を目的に借り入れたのか調べる必要がある。いずれにしても流動比率を高める工作をしている可能性があり、対外的な信用を意図的に高めている。資金繰りの悪化が推定できるので、危ない方向に向かう。

51. 支払条件が悪化している

採点	（　）当てはまる	5点
	（　）やや当てはまる	3点
	（　）当てはまらない	0点

着目点	（原因）　注文を受けて出荷し、請求を行なったら、今までは締め後翌月末に現金振込みだったのが、翌月末に買掛金を支払手形に変更してきた場合、支払条件は長くなったことになる。このようなケースは、資金繰りの悪化が推定できるので、危ない方向に向かう。

52. 小口の支払いも手形で行なっている

採点	（　）当てはまる	5点
	（　）やや当てはまる	3点
	（　）当てはまらない	0点

着目点	（原因）　今まで、締め後翌月末に小口（例えば50万円以内）を現金振込みだったが、それが支払手形に変更になった。これは、明らかに資金繰りの悪化が推定できるので、危ない方向に向かう。

53. 支払金利の水準が急に高くなっている

採点	（　）当てはまる	5点
	（　）やや当てはまる	3点
	（　）当てはまらない	0点

着目点	（原因）　金融機関の短期借入金、長期借入金の支払利息（金利）が急に高くなったとの話を得意先から聞いたら、金融機関は貸付の保全策として貸付の利息を高めたと考えられる。このことで企業の財務内容の悪化、担保価値の状況の悪化などが考えられる。資金繰りの悪化が推定できるので、危ない方向に向かう。

54. 商工ローンや市中金融を利用し始めた

採点	（　）当てはまる	5点
	（　）やや当てはまる	3点
	（　）当てはまらない	0点

着目点	（原因）　メイン銀行やサブ銀行の借入れの限度枠がいっぱいになり、これ以上メイン銀行からもサブ銀行からも借入れや手形割引ができないときは、金利手数料が銀行よりも割高な商工ローンや市中金融を利用するようになる。経営者や経理担当者がこちらを利用するような状態になった場合は、資金繰りの悪化が推定できるので、危ない方向に向かう。

55. 調査会社の評点が低い

採点	( ) 当てはまる	5点
	( ) やや当てはまる	3点
	( ) 当てはまらない	0点

着目点	（原因）　企業の信用状態を調べるときに帝国データバンク、東京商工リサーチ、その他の民間調査機関に照会して、現在の会社の信頼度を確認する。調査機関は、定期的に法人を調査し点数化したり信用のランクづけをしている。160点以上、ランク4以下は危険水域に突入しているので、危ない方向に向かう。

56. 大口の不良債権が発生した

採点	( ) 当てはまる	5点
	( ) やや当てはまる	3点
	( ) 当てはまらない	0点

着目点	（原因）　自社と取引している得意先が販売した商品の代金が回収不能になった。それも大口の売掛金の回収不能は打撃であり、自社への支払財源の不足に影響する。また、大きく資金繰りの悪化が推定できるので、危ない方向に向かう。

57. 重要な不動産を売り始めた

採点	( ) 当てはまる	5点
	( ) やや当てはまる	3点
	( ) 当てはまらない	0点

着目点	（原因）　商品や製品の販売で現金の回収ができなくなると、借入金、買掛金の支払いのための資金づくりが必要になる。会社としては、絶対に残しておきたい固定資産を売却してまで現金をつくろうとする動きは、かなりの資金繰りの悪化が推定できるので、危ない方向に向かう。

58. 会社の規模に比べて関連会社が多すぎる

採点	( ) 当てはまる	5点
	( ) やや当てはまる	3点
	( ) 当てはまらない	0点

着目点	（原因）　経営が好調なとき、事業の拡大や節税対策用に設立した会社が3社から5社以上ある場合、会社の維持のために親会社は子会社の面倒をみることある。とくに資金面での面倒をみ出すと親会社の資金繰りにも影響する。子会社や関係会社が多いのは、資金繰りの悪化に影響するので、危ない方向に向かう。

59. 税金の滞納がある

採点	( ) 当てはまる	5点
	( ) やや当てはまる	3点
	( ) 当てはまらない	0点

着目点	（原因）　決算後に未払いの法人税等が決算書に残り、また滞納の状態になっている会社は、無計画な事業を行なっていると推定できるので、危ない方向に向かう。

60. 交際費が多い

採点	( ) 当てはまる	5点
	( ) やや当てはまる	3点
	( ) 当てはまらない	0点

着目点	（原因）　交際費を効果的に使い、売上を伸ばすのに貢献できていればよいが、社長や幹部が無計画に無意味な接待に交際費をつぎ込んでいるのは決して健全とは言い難い状態である。経営の健全性の面から、危ない方向に向かう。

（出所：経営法務研究会）

第４章　調査力不足対策

定性的な信用調査に与信判定の目安と対策例

〔採点結果〕

ランク	合計点	得意先危険度の判定
1	59 点以下	取引上の不安はないので、営業に力を入れる。
2	60 ～ 119 点	取引に不安はない得意先。しかし、半年に一度は、営業マンによる信用調査を行う。
3	120 ～ 159 点	やや注意が必要な得意先。問題点をはっきりさせ、継続してチェックする。
4	160 ～ 199 点	かなり注意が必要な得意先。債権保全策を講じる。取引条件を厳格にする。
5	200 ～ 239 点	現金取引に変更すること。現在の債権を減らす。
6	240 点以上	不良債権化する前に早期に回収策を講じる。

　取引先の情報をいくら集めても、信用力を評価することは非常に難しいものです。そこで、営業担当者とその上司など複数の人の視点で「取引先の与信判定（会社格付け）」を行います。与信判定（会社格付け）とは、取引先の信用力を比較可能にするために、取引先を評価する統一的な基準を作り、それに従って取引先を評価し、簡潔な記号・数字で分類するものです。例えば、信用力の高い順に１、２、３、４、５、６と６段階で設定します。それぞれの得意先の危険度に応じて与信管理を実行します。

第5章

契約力
不足対策

1 契約意識が低く古くからの商習慣では売掛金は焦げ付く

　古くからの付き合いで商取引を引き続き行ない受注や販売を拡大できても、代金回収で焦げ付きを起こしてしまうことがあります。その受注や販売をめぐるトラブルの大半は、古くからの商習慣を優先させて正式な契約書を作っていなかったり、仮に売買契約書はあっても自社にとって有利な特約条項を十分に盛り込んだ完全な契約書になっていないために売掛金回収のトラブルを引き起こしてことがあります。

　売掛金が焦げ付くたびに顧問弁護士から「何で契約書を作ってなかったのですか？」と指摘を受けたり、また、売掛金を回収できた競合会社から「うちは事前に念書をもらっていたので代金回収できましたよ！」などと言われて苦い思いをすることがあります。

　売掛金が滞留し焦げ付きだしてからでは、その救済のため金銭的、時間的などのロスは避けられません。得意先との信頼関係を重視するあまり契約意識が低かったことはたしかです。

　しかし、時代は大きく変わりました。商取引も日本だけに留まらない国際化、グローバル化したために、"法"を意識し"契約"を強調する「契約社会」が到来しています。今や法律によって企業を防衛する社会といえます。

　このような契約社会は、得意先も当然意識しています。取引にあたっ

エピソード＜M部長の心配事　契約書が古い＞

M部長が今年、営業部長になってから得意先の取引基本契約書を見直した。ほとんどの契約書は2008年以前締結されたもの。取引条件が変わっている会社、社長が替わっている会社があるが、契約書の内容が見直しされていない。早急に営業担当を招集した。

ては、常に自社に有利な特約条項を契約書にしておくこと求められます。

そこで、これからの商取引では、図表5−1の4つのチェックポイントをおさえておく必要があります。

リーマンショック（2008年9月15日）以前の契約書は古い。

図表5－1
商取引のチェックポイント

CHECK
① 得意先を客観的に観察して
契約する。

CHECK
② 文書による契約至上主義を
貫いている。

CHECK
③ 全社員に基礎的な"商事法務"を
修得させて契約する。

CHECK
④ 与信情報のネットワーク作り、
危ない得意先に対しては
自社に有利な条項を盛り込む。

第5章 契約力不足対策

2 取引基本契約書の結び方と契約書の作り方

口約束も契約だが明文化すると安心

　商取引をするにあたって、基本的事項を売主・買主間で取り決めた書類が取引基本契約書です。

　契約書は万能ではありません。売買契約は、売主の「売ります」（申し込み）という意思表示と買主の「買います」（承諾）という意思表示の合致で成立します。つまり、契約は、口頭でも成立するわけです。

　しかし後日に何らかのトラブルが生じた場合や訴訟になった場合、契約書にしておくと強力な証拠書類となります。契約の当日にお互いの勘違いということも起こり得ますので、取引にあたっては事前に契約を締結するようにしてください。

契約は万能ではありません

　契約締結によって、売主は商品を引き渡す義務と買主は代金支払義務が生じ（双務契約）、双方に契約履行が義務づけられます。

　しかしここで注意しておきたいのは、契約は万能ではない、ということです。得意先が故意に契約を守ろうとしなかったり、たとえ契約を守ろうとしても、履行するだけの資力や財産がなければ、契約書に記載されている事項は満足されません。

111

図表5－2
商品取引基本契約書（例）

商品取引基本契約書（例）

株式会社　○○○○（以下「甲」という）と株式会社△△△△（以下「乙」という）とは継続的な商品取引に関して、次の通り契約を締結する。

（基本原則）

第1条　本契約は、相互利益の尊重と共存共栄の精神に基づき、かつ信義誠実の原則に従う。

（適用範囲）

第2条　本契約に規定する内容は、甲乙間における個々の継続的な取引（以下「個別契約という）のすべてについて共通に適用されるものとする。但し、特約を定める場合は、この限りでない。

（個別契約の成立）

第3条　甲が納入日・品名・数量・金額・納入場所などを記載した注文書等による申込みを行い、乙が受諾することによって、個別契約は成立する。

2．電話やFAX等により前項と同等の注文、承諾が相互に確認された場合も、個別契約は成立する。

3．納入場所は、原則として甲の店舗又は倉庫とする。

（商品の納入）

第4条　乙は、前条により定められた期日に所定の商品（以下「商品」という）を指定場所に納入する。

2．乙は、前条第3項への納入運賃を負担する。

3．甲は、前条第3項以外への納入運賃を負担する。

（検収・瑕疵担保責任）

第5条　甲は、乙から商品の納入後7日以内に検収し、瑕疵又は発注内容との相違を発見した場合、直ちに乙に連絡する。

2．前項において、乙は速やかに乙の負担により、代替品を納入するか、もしくは補充を行う。

3．甲は、納入後直ちに発見できない瑕疵を6ヶ月以内に発見し、乙に連絡した場合、乙は前項と同様に取り扱う。

（所有権の移転）

第6条　乙から甲に納入された商品の所有権は、甲が検収を完了した時

第5章　契約力不足対策

点で、乙から甲に移転する。

（危険負担）

第7条　商品引渡前に生じた商品の滅失・毀損・変質等の損害は、甲の
　　　　責によるものを除き、乙の負担とし、商品引渡し後に発生した
　　　　これらの損害は、乙の責によるものを除き甲の負担とする。

（免責事項）

第8条　天災地変・法令の改廃制定・輸送機関の事故・その他の不可抗
　　　　力により契約の全部又は一部の履行が連帯又は不能となったと
　　　　きは、甲又は乙は、直ちにその旨を相手方に通知することによ
　　　　りその責めを免れ、遅滞不能についての契約責任を免れるもの
　　　　とする。

（代金の支払い）

第9条　甲が乙より仕入れた商品代金は、毎月　日を締日、　月　日を
　　　　支払日として、乙の請求金額を乙の銀行口座に振り込む。但し、
　　　　支払日が金融機関の休業日に当たる場合、翌営業日とする。

　　2．甲及び乙は、やむを得ない事情によって、締日又は支払日の
　　　　変更を必要とする場合、変更の14日前に相手に事情を説明し、
　　　　承諾を得なければならない。

（遅延損害金）

第10条　甲は、前条に規定する支払日に遅延した場合、支払日の翌日よ
　　　　り完済日に至るまで、年12%の割合による遅延損害金を併せて
　　　　支払うものとする。

（販売促進の助成）

第11条　乙は、乙の判断により甲の販売促進のため、下記の協力助成を
　　　　行う。

　（1）　業界動向の情報提供
　（2）　各種宣伝物の配布
　（3）　技術研修、説明会の開催
　（4）　新製品の発表会、又は説明会
　（5）　その他、有益な会議の開催等

（優遇措置）

第12条　甲が乙との契約を遵守し、乙の商品拡販等を図った場合、乙は
　　　　甲に対し優遇措置を講ずることがある。

（品質保証及びアフターサービス）

第13条　乙は、甲に売り渡す商品について、その品質・機能等を保証する。

　　2．甲は、顧客から商品の修理等の依頼を受けた場合、乙にその旨

を連絡する。

3. 乙は、各々の保証書の規定に従って、故障等のアフターサービスを行なう。又、保証期間経過後の商品の故障については、有料にて行なう。

(譲渡禁止)

第14条　甲及び乙は、本契約及び個別契約に関連して発生する権利義務を相手方の事前の承諾なしに、第三者に譲渡引受させることはできない。

(守秘義務)

第15条　甲及び乙は、本契約中はもちろん契約終了後といえども本契約の履行に際し、相互に知り得た相手方の経営上、営業上の秘密を第三者に漏洩してはならない。

(変更の通知)

第16条　甲及び乙は、次の各号のいずれかに該当したときは、遅滞なく相手方に通知しなければならない。

⑴　商号、所在地の変更

⑵　代表者の異動又は使用印鑑の変更

⑶　営業の全部又は一部の譲渡、譲受け、貸与又は廃止

⑷　増資又は減資

⑸　合併、解散又は休業

⑹　重要な支店、営業所等の販売拠点の新設、変更

⑺　重要な営業分野の拡大又は縮小

⑻　重要な組織の変更

⑼　連帯保証人の変更

⑽　その他上記に準ずる重要事項

(期限利益の喪失及び解除)

第17条　甲又は乙が、次の各号のいずれかに該当した場合、相手方に対する全債務の期限の利益を失い、即時に現金で支払う義務を負う。又、相手方は催告その他の何等かの手続きを要することなく、本契約及び個別契約の全部又は一部を解除して、それにより生じた損害賠償を請求することができる。

⑴　本契約又は個別契約に違反した場合

⑵　自ら振出しもしくは引き受けた手形又は小切手につき不渡処分を受けたとき、又は銀行の取引停止処分を受けたとき

⑶　差押え、仮差押え、仮処分、競売、破産、会社整理、会社更生などの申立てを受けたとき

⑷ 自ら破産、会社整理、会社更生などの申立てをし、又は私的整理を開始したとき

⑸ 前各号の他甲の財産状態、信用状態が悪化したとき、又はその恐れがあると乙が認めたとき

(有効期間)

第18条　本契約の有効期間は、契約締結の日から翌年の3月31日までとし、契約期間満了の3ヶ月前までに、甲乙いずれか一方から何等かの申し出がないときは、更に1ヶ年継続し、以後も同様とする。

(連帯保証人)

第19条　連帯保証人は、本契約及び個別契約から生じる甲の乙に対する一切の責務を甲と連帯して負担する。

(協議解決)

第20条　本契約及び個別契約に定めのない事項又は解釈に生じた疑義は、甲乙誠意をもって協議して解決する。

２. 本契約に関する訴訟は、・・地方裁判所とする。

本契約の証しとして本書を2通作成し、甲乙各1通ずつ保有する。

令和　　年　　月　　日

　(甲)　　　　住　　　所

　　　　　　　名　　　称

　　　　　　　代表者名

甲の連帯保証人　住　　　所

　　　　　　　氏　　　名

　(乙)　　　　住　　　所　　　○○市○○区○○1丁目○番○○号

　　　　　　　名　　　称

　　　　　　　代表者名

契約書の特約事項をおぼえておこう

　契約書には、契約条項が書かれています。したがって、営業担当者は、代金回収上、重要な意味をもつ条項について、その意味を正確に理解しておく必要があります。代表的な条項を次にあげます。ポイントを抑えてください。

① 所有権の移転（契約書サンプルの第 6 条）

　特に定めが無い場合は、引渡しと同時に所有権が移転しますが、代金の完済と同時に移転する旨の条項が明記されている場合は、代金の完済時（手形の場合にはそれが決済された時点）に移転することになります。

② 期限の利益喪失約款（契約書サンプルの第 17 条）
　　＜民法 137 条＞

　通常、契約では支払期日が取り決めてあり、債務者はその期日までは支払わなくてよいことになります（支払猶予＝期限の利益）。

　一方、債権者は支払期日まで請求できませんが、相手先の信用状態によっては支払期日まで待てない事情が発生することもあります。

　そこで、この"期限の利益喪失約款"条項を入れておきます。これに該当する事由が発生した場合は、ただちに債務全額について期限が到来することになり、債権者は債権全額の支払いを請求できるのです。逆に、この特約がないと、買掛債務がある場合でも、相殺できないことがあります。

　この条項があれば、例えば、買主側 A 社に代金完済不能の懸念が

所有権留保付きの条項

販売会社が取引先に商品やサービスを提供する際の売買契約のうち、販売代金の全額領収までの間、販売された商品やサービスの所有権を取引先に移さず、留保することを契約内容に含んだ売買契約の条項。

あるような事態が生じたときには、つまり月中の他の仕入先への支払いが滞り支払いを延期する情報が入り、自社の今月末の支払いも不可能という確実な情報を得たとき。その時点で未回収代金全額の請求ができることになっています。

　また、支払期日が先の手形も買手側の事務所で支払い呈示して弁済させることができます。

③ 解除約款（契約書サンプルの第17条）
＜民法541条、545条＞

　法定解除以外に約定で解除の範囲を広げておく必要があります。例えば、不渡りを出した場合については、何らの催告を要することなく解除できるとしておけば、第三者に対する手形を不渡りにした場合、自社の受取手形の期日が到来していなくても、一方的に契約解除でき、売った商品が相手にあるような場合は取り戻すことができます。

　特にこうした定めが無い場合は、支払期日到来後に支払いがないときでも支払いを督促し、相当期日内に支払いがなされないときにしか契約を解除することができません。

④ 連帯保証人（契約書サンプルの第19条）

　通常、得意先が企業の場合、連帯保証人は代表取締役（社長）がなることが多いと思いますが、必ず自筆で署名のうえ捺印してもらうことです。また必ず印鑑証明をもらってください（連帯保証人が企業の場合は、印鑑証明、資格証明、連帯保証する旨の会社の取締役会議事録）。

連帯保証人にふさわしい人の選び方

連帯保証人にふさわしい人は、保証能力がある人です。持ち家や持ちマンションなど、自己所有の不動産に住んでいる人を立ててもらう。
不動産登記簿謄本で事前確認が必要。

⑤ 管轄裁判所（契約書サンプルの第 20 条）

　　紛争が生じ裁判沙汰になった場合、通常は相手方の管轄する地方裁判所または簡易裁判所が管轄裁判所となります。相手方が同じ管轄裁判所であれば問題ありませんが、遠隔地の場合は不便です。あらかじめ特約で自社の都合のよい裁判所を管轄裁判所としておくと便利です。

　　通常は、裁判所を売手側所在地の裁判所に定めています。

契約書をつくる際にはここに注意しておこう

① 印紙貼付して消印を押す

　　印紙の貼付の有無は契約成立の効力には関係ありませんが、印紙税法違反となります。過怠税を徴収されることになり、何よりも会社の信用が損なわれます。

② 署名は目の前で行う

　　契約の締結は契約書を原則持参、目の前で署名、捺印してもらうことです。後日、サインは他人が書いたとか、契約締結の意思がなかった等のトラブルを避けるためです。

　　遠隔地で郵送による場合は、必ず後日、電話等で契約の意思を確認してください。また、契約者が個人の場合は個人の印鑑証明、企業の場合は代表者の印鑑証明と資格証明を取り付けてください。代表権の確認と、押印された印鑑と印鑑証明の印鑑を照合するためです。

エピソード＜Ｎ管理課長、管轄裁判所を地元にしておいて良かった＞

Ｎ管理課長は基本契約の最後の条項に「管轄の合意」を自社の最寄りの裁判所にしていておいた。それにより、裁判を起こすときに早く確実に訴訟をおこすことができた。もし、地元の裁判所に決めていなければ費用と時間が無駄になるところだった。

③ 捨印の意味を理解して押印する

　捨印は、万一文中の文字を後で訂正しなければならないような事項が出てきた場合の備えです。あらかじめ訂正印を押しておくこともあります。知らぬ間に勝手に訂正されることもあり得ますので、やたらに捨印は押さないようにしてください。

　訂正時には契約者当事者間で訂正内容を確認し合うことが必要なことはいうまでもありません。捨印をそのまま放置していたトラブル事例で、自社の知らない間に得意先の有利な内容に契約条項を修正して、自社の知らない第三者をだましたケースがあります。

　捨印は、このような大きな力を持っているため、使用する必要がなくなった場合には、捨印としては早めに捨印に２本線を引くなどして抹消手続きをしておく必要があります。

④ 契約締結日は得意先に記入してもらう

　契約に際しては、必ず得意先に契約日を記入してもらいます。双方で署名捺印した契約書は、法律上の証拠力を強めるため、公証役場で確定日付のスタンプを押してもらってください。

⑤ 契約書の保管は管理部門で行う

　契約は作成、調印、保管の一連の流れで完了しました。契約書は大切な書類ですから、管理部門で一元管理する必要があります。

管理部門による「契約書の説明会」の実施で契約書内容を周知徹底する。

図表5-3
商品取引基本契約書チェックシート

商品取引基本契約書チェックシート

記入日：令和　年　月　日

	営業所（名）	所長（課長）	担当者

営業　　部

得意先名

基本事項	チェックポイント	YES/NO	備考／理由記入欄
印紙	当社所定の契約書 2部作成 4,000円の収入印紙を2通ともに貼付 甲の契約印鑑で消印		
前文	取引先（甲）の名称は正式名称 ・原則先方記入 ・法人……当方での「（株）」等略記は不可 ・個人事業者……「屋号（店名）＋代表者名」		
第2条	締日、支払日は申請書類と一致 ・新規契約……「取引開始報告兼与信限度申請書」 ・更新契約……得意先マスターと照合		
調印日	日付の記入（極端に古い日付は理由を明記）		
（甲）	住所は、本社所在地 ・印鑑証明等と照合 名称は、略さず正式名称で記名 ・印鑑証明と照合 代表者は、役職名およびフルネームで記名 ・印鑑証明等と照合		

連帯保証人	印鑑は、原則実印 ・角印のみは、原則不可		
	連帯保証人は原則必要 ・立てられない場合は、理由を明記		
	連帯保証人は適切な人物である ・法人……代表者の個人連帯保証可 ・個人事業者……契約者（代表者）と別人		
	住所の記名		
	氏名の記名（個人事業者は原則自筆による署名）		
	印鑑は、原則実印		
契約書証明 印鑑証明	原則添付（添付されていない場合は、理由を明記）		
	発行日付は締結日から3ヶ月以内		
	印影が契約書押印のものと一致		
	住所が契約書記載の住所と一致		
	名称が契約書記載の名称と一致		
連帯保証人 印鑑証明	発行日付は締結日から3ヶ月以内		
	印影が契約書押印のものと一致		
	住所が契約書記載の住所と一致		
	名称が契約書記載の名称と一致		
その他	訂正箇所がある場合の、訂正方法が適正（訂正方法は下記のいずれか） ・二重線および「○字削除○字挿入」 ・二重線および訂正印（契約印鑑と一致）の押印		
	条文全体の変更		
	取引条件等に修正項目がある場合は別途覚書を締結 ・締結、支払日、支払方法等		

3 売掛金回収に有利な公正証書はこうしてつくる

 すぐに強制執行できる

　公正証書では、一定の金額の支払いを目的としたもの（未確定、未発生のものはだめ）です。金銭債務を履行しないときすぐに強制執行をうけても異議がないという文言（強制執行認諾約款または執行受諾文言）があればすぐに強制執行できます。

　公正証書を作成するときは、公証役場に行き、公証人に作成を依頼します。公証役場には原則的に管轄がないので、どこの公証役場でも大丈夫です。

 スピーディに代金回収を図れる

　例えば、「第○条　買手は、代金債務不履行のときは全財産に対しただちに強制執行を受けても意義がないことを承諾した。」と契約書に記載されていたとします。

　普通だと、①仮差押え、②訴訟を起こす、③勝訴判決をもらう、④仮差押えしておいた財産を本差押えする、という4段階を踏まなければな

強制執行

債権者の権利を実現させるために裁判所が行う手続き。債権や所有権など民法上の権利を実現するため、裁判所に所属する執行官によって法的な紛争を解決するために行使される国家権力の作用の1つ。

りませんが、執行証書があれば、①〜③を省略できることになり、きわめてスピーディに債権回収を図ることができ、代金回収が早められます。

仮差押え

仮差押えは、「差押え」への移行を前提とする手続き。債務者が財産を動かせないようロックする。

図表 5 − 4
公正証書の特徴

① 公正証書では、あらためて判決を受けなくても、強制執行認諾条項が記載されていれば、すぐさま強制執行をしてもらうことができます

② 担保権実行で競売など場合、強力な証拠として裁判所で役立ちます

③ 私文書に比べ証明力が高いので訴訟に役立ちます

④ 公正証書の番号さえメモをしておけば、いつでも謄本がとれ、紛失や消失にそなえることができます

⑤ 公証人により作成日が証明できる。公証人は法律の専門家なので証書の内容が法律的に無効や取消しとなることがありません

⑥ 虚偽、不正に作成すれば犯罪となります

委任状があれば代理でもできる

　公正証書は、本人が公証役場に行けない場合は、実印を押し、印鑑証明が添付された委任状によって代理人が作成することができます。「代金支払約定書」を作成するときに、同時に委任状を受け取るとよいでしょう。ただし、「売掛債権弁済契約を公正証書にすること一切」などと抽象的に表示したり、白紙委任状では公正証書を作ってもらえませんから、内容が明確なものにすることが必要です。

　委任状は例えば、「公正証書作成の件」と書いても受け付けてもらえません。「別紙と同一内容の公正証書を作成する件」と書き、当事者間の契約の主な内容を箇条書きにした書面（別紙）を作成し、委任状と別紙とをホチキスで２か所止め、一葉から他葉にかけて委任状に押した実印で契印をすることが必要です。

　当事者をＡ・Ｂとすると、ＡがＢの、またはＢがＡの代理人となることは許されません。また第三者ＣがＡ・Ｂ双方の代理人となることも不可です。

　代理人による場合は、代理人の実印と印鑑証明書（作成後６か月以内のもの）を公証役場に持参しなければなりません。なお公正証書は、１日ないし数日後にもらえます。つまり公証役場には、最低２回は足を運ばなければならないことになります。

公証人役場の公証人

公証人役場の公証人とは、国民の私的な法律紛争を未然に防ぎ、私的法律関係の明確化、安定化を図ることを目的として、証書の作成等の方法により一定の事項を公証人に証明させる制度（公証制度）に基づき、原則30年以上の実務経験を有する法律実務家の中から、法務大臣より任命された人です。

公正証書は公証人のいる公証役場へ頼みに行って作成してもらいます

　その際に持参するのは図表5－5のようなものです。会社などの法人の場合は、資格証明も必要となりますから法務局でとっておきます。

公証人役場の探し方

2019年4月現在、公証人は全国に約500名おり、公証役場は約300か所あります。公正証書の作成、会社等の定款に対する認証の付与、契約書などの法律行為に関する書面の確定日付が必要なときに利用されます。
公証役場一覧：http://www.koshonin.gr.jp/list/

第5章　契約力不足対策

図表5－5
公正役場への持参物

① 売主と買主が公正役場へ行くときの持参物

- 公正証書にしたい内容を書いた書類、私製証書

- 双方の印鑑証明（作成後6カ月以内のもの）

- 実印

② 代理人が行くときの持参物

- 内容を書いた書類、私製証書

- 委任状（委任内容の各項目を詳細に書いておくこと）

- 委任状に押された印鑑の印鑑証明（作成後6カ月以内のもの）

- 代理人の印鑑証明（作成後6カ月以内のもの）

- 代理人の実印

図表5−6
委任状

委　任　状

住所：

氏名：

　私は、上記の者を代理人として下記の権限を委任します。

1．別紙と同じ内容の公正証書を作成する件

以上

令和○年○月○日

　　　　　　　　住所：

　　　　　　　　氏名：　　　　　　　　㊞

第5章　契約力不足対策

図表5-7
公正証書を作成する件

別紙と同じ内容の公正証書を作成する件

1．株式会社○○○○は、××××株式会社に対して、以下の通り代金の支払いを約束します。

2．株式会社○○○○は、××××株式会社より商品○○○○を令和○年○月○日に×××ケース購入した。その代金は○○○万円です。

3．上記の代金を本日、手形金額として、令和○年○月○日を支払日として支払場所を○○銀行○○支店とする約束手形を振り出して××××株式会社に交付します。

4．支払日に支払いを怠ったときは、その日以降支払済みまで日歩○銭の割の損害金を付加して支払います。

5．株式会社○○○○が、金銭債務を履行しないときは、すぐに強制執行をうけても異議はないことを認諾します。

4 取引条件が変化したときには公正証書にする

買手が、もう少し支払いを待ってくれといったら

　買手が「必ず支払うからもう少し待ってほしい」と約束し、その可能性が高ければ、相手と契約して支払いを猶予するのは、代金回収の1つの手段となります。

　売主は、強制手段に訴えることもできますが、そのために手数、費用をかけてはいられません。何といっても相手に支払う気をおこさせ、積極的に支払わせることができれば良いからです。

　この支払いの猶予は、法律的には弁済期限の延長です。

支払猶予の契約を結ぶ

　代金回収の手を打たないで放っておくのと、債務者と契約して支払いを猶予するのとでは、法律上の効果が違います。

　時効が中断されるか、されないか、遅延損害金の額の大小などおおいに違います。

　したがって、少し待てば代金を回収できる可能性が高いと考えられる

公正証書

公正証書とは、公証人法に基づき、法務大臣に任命された公証人が作成する公文書。債務においては、「強制執行認諾条項」を定めておくことで、支払いが滞った場合に、差押えなどの「強制執行」の申立てが直ちに行えます。

場合、はっきりと支払猶予の契約を結びます。支払いを猶予するには、買手の要請によって猶予したことを明らかにするため、支払延期願を差入れさせます（図表5－8）。

遅延損害金についても記載する

「支払延期願」の文書を作って、相手方に署名捺印させます。遅延損害金についても記載します。

代金支払約定書を取っておく

「支払いを待ってほしい」と言われたら、代金回収にあたって、売掛金を約束手形に変えてもらいます。

約束手形を取ることは買主に相当の圧力をかけることになりますから、約束手形を書かせるように努力してみることです。手形さえ取ってしまえば、相手が倒産でもしない限り、代金をほぼ確実に回収することができます。その際には図表5－9のような「代金支払約定書」を取っておけば、代金回収が確実なものになります。

つまり、売買代金や売掛金のままでは、買主は支払わなくても、あまり不利益なことはありません。特別に約束がないのであれば、せいぜい年6分の損害金を払えば済んでしまうのです。ところがいったん約束手形を書かせてしまえば、手形金を必ず支払わせることができるのです。

というのは、6か月間に2回手形の不渡りを出すと、銀行取引停止処分を受けて、その後2年間は、貸付はもとより当座取引を停止され、事

公証人役場に行くときの準備

公証役場に行くときは、事前に事実関係資料をまとめておく。
法人の資格証明書または商業登記簿謄本も1通必要、実印、運転免許証やパスポート。
公証役場に一度相談してから必要書類を準備する。

実上の倒産に陥る運命が待っているからなのです。

代金を請求して、買主が支払延期を求めたり、分割払いにしてくれといい、売主（債権者）がそれを認めたら、それを実行させるために「代金支払約定書」を作らせるのは当然のことです。

その際約定書を私文書としておくよりも、公正証書にしておくと万全です。

エピソード＜〇社長、公正証書にしておいて良かった＞

〇社長は、公正証書を持って、知り合いの弁護士を訪ねて相談してみました。すると、「この公正証書で強制執行をしましょう」ということで、強制執行をして無事に売掛金 800 万円を回収することができました。

第5章　契約力不足対策

図表5-8
支払延期願

支 払 延 期 願

　甲（　　　　　）は、乙（　　　　　）に対してお支払いすべき○○○○の買掛代金債務○○○○円を負っています。しかし、甲の都合で来たる○月○日まで延期されたく、下記の期限に万一お支払いできないときは、本日より支払完了まで日歩○銭の割合によって、遅延損害金を付加してお支払いすることを承諾いたします。

令和×年×月×日

　　　　乙　：△△株式会社殿

　　　　　　　　　　　　甲：

図表5-9
代金支払約定書

代金支払約定書

甲（　　　　　）は、乙（　　　　　　）に対して、以下
の通り代金の支払いを約定する。

第1条（債務の内容）

　　甲は、乙より○○○を○年○月○日より購入した代金
○○○万円の支払いの債務かあります。

第2条（支払方法）

　　債務金額を本日手形金額として、令和○年○月○日を
支払日として支払場所を○○銀行とする約束手形を振り
出して乙に交付する。

第3条（遅延損害金）

　　支払日に支払いを怠ったとき、その日以降支払済みま
で日歩○銭の割の損害金を付加して支払う。

第4条（強制執行）

　　甲が、金銭債務を履行しないときは、すぐに強制執行
をうけても異議はありません。

　　　　令和○年○月○日

　　　　　　乙：　　　　　　　　　殿

　　　　　　　　　　　　　甲：

第５章　契約力不足対策

5 代金回収に有利な個別契約をつくる

取引基本契約書がないときはこうする

　取引基本契約書が、得意先ときちんと締結されていないときには、何かトラブルがあると何にもとづいてトラブルを処理してよいか迷います。基本取引契約書がなければ、スムーズに話が進みません。

　１つの対策としては電話で注文を受けたときには、その都度、注文台帳に記帳して、できればそれに注文先の担当者名を記入しておくことです。それをあらゆる電話注文について、きちんと整理しておけばいざというとき、強力な証拠となります。売上帳、売掛金元帳と連結できるようにしておけば、よりいっそう内容の信頼性が高まるものです。

　しかし、契約の事実はありますが、決算の詳細な約束事項は、明記されていませんので不安は残ります。

注文書はトラブル防止の資料

　商品は、注文してきた企業に送るのが本来的なことですが、依頼によっては、別に送ることがあります。こんなときに、よくトラブルが発生

エピソード＜Ｐ主任は、口頭で注文を受けて不安になった＞
Ｐ主任は、口頭で高額の注文を受けて不安になった。口頭の合意は書面による合意よりも効果が低いのか？と悩んだ。経理部に確認したら口頭の合意やメールの合意で成立した契約であっても、通常の契約と何ら効力は変わらない。安全のために注文書を取った。

135

します。注文主と送り先が違うときにも、代金の支払いは注文主にしかできないとして対処すべきなのです。それとともに、いったい誰が注文主なのかという問題が起きないように、やはり注文書ではっきりさせておきます。

　代金回収の際にトラブルが発生しないように、まず売買契約があったことを証明する必要があります。そのためには相手から注文書をもらっておくことは非常に重要です。そうすれば注文した覚えはないといえなくなります。

　注文書には、必ず品名、数量を記載させて、担当者の署名捺印を受けておくことです。

　契約があったと証明できても、商品を受け取っていないと主張されたら困りますし、商品の送り先が間違っていたなどといわれたらなおさら困りますから、間違いなく商品が着いたことを、はっきりとさせておかなければなりません。

　そのために商品送付記録を整備しておく必要があります。

 注文請書の裏を活用する

　得意先の都合により「売買契約書」を作成しない場合、注文書と注文請書により個々の取引を行うケースがあります。

　販売契約は、販売側が注文請書を手渡した時点で成立しますので、商品名、数量、単価、金額等は正確に記載していなければなりません。

　図表5-10は、得意先の渡す注文請書の裏側に印刷されている取引約款です。売買契約書のような詳細な事項までは、記載されていません。

取引約款

定型の約款は不特定多数を相手として行う取引の画一的な契約条項。契約書は、当事者が誰であるか個別具体的な内容が書かれている。契約内容を証明する証拠となり得る点で共通している。定型の約款例：宅配便運送約款、電気供給約款、標準鉄道利用運送約款　等々。

しかし、売手側の代金回収を保障する条項は明確に記載されています。

あらかじめ自社の注文書と注文請書が、変更になっていることと、注文請書の裏面に約款が刷り込まれていることを、得意先に話しておく必要があります。

何かトラブルになったときに知らなかったといわれないように説明をしておきます。

最近、このような形式で売掛金回収のトラブルを回避しているようです。

エピソード＜Ｑ課長、約款を準備していて良かった＞

Ｑ課長は、30年前からの得意先とは基本契約を締結していないところがある。取引の定型約款を作成して、基本契約書を取り交わしていない会社に「約款」を周知した。案内した会社から約款の内容に承諾書を取りつけた。取り付けた会社の中で倒産兆候がでていち早く回収ができた。

図表 5 - 10
取引約款（例）

取引約款（例）

（基本原則）

第1条　本取引約款の規定する内容は、甲乙間における個々の継続的な取引（以下「個別契約という）のすべてについて共通に適用されるものとする。但し、特約を定める場合は、この限りでない。

（個別契約の成立）

第2条　甲が納入日・品名・数量・金額・納入場所などを記載した注文書等による申込みを行い、乙が受諾することによって、個別契約は成立する。

　　2．電話やFAX等により前項と同等の注文、承諾が相互に確認された場合も、個別契約は成立する。

　　3．納入場所は、原則として甲の店舗又は倉庫とする。

（所有権の移転）

第3条　乙から甲に納入された商品の所有権は、甲が代金を回収し完了した時点で、乙から甲に移転する。

（代金の支払い）

第4条　甲が乙より仕入れた商品代金は、毎月20日を締日とし、翌月末を支払日として、乙の請求金額を乙の銀行口座に振り込む。
　　　　但し、支払日が金融機関の休業日に当たる場合、翌営業日とする。

　　2．甲及び乙は、やむを得ない事情によって、締日又は支払日の変更を必要とする場合、変更の14日前に相手に事情を説明し、承諾を得なければならない。

（遅延損害金）

第5条　甲は、前条に規定する支払日に遅延した場合、支払日の翌日より完済日に至るまで、年12%の割合による遅延損害金を併せて支払うものとする。

第5章　契約力不足対策

（期限利益の喪失及び解除）

第6条　甲又は乙が、次の各号のいずれかに該当した場合、相手方に対する全債務の期限の利益を失い、即時に現金で支払う義務を負う。又、相手方は催告その他の何等かの手続きを要することなく、本契約及び個別契約の全部又は一部を解除して、商品を引き揚げる。さらに、それにより生じた損害賠償を請求することができる。

　⑴　本契約又は個別契約に違反した場合

　⑵　自ら振り出しもしくは引き受けた手形又は小切手につき不渡処分を受けたとき、又は銀行の取引停止処分を受けたとき

　⑶　差押え、仮差押え、仮処分、競売、破産、会社整理、会社更生などの申立てを受けたとき

　⑷　自ら破産、会社整理、会社更生などの申立てをし、又は私的整理を開始したとき

　⑸　前各号の他甲の財産状態、信用状態が悪化したとき、又はその恐れがあると乙が認めたとき

（有効期間）

第7条　本契約の有効期間は、契約締結の日から2年までとし、契約期間満了の3ヶ月前までに、甲乙いずれか一方から何等かの申し出がないときは、更に1ヶ年継続し、以後も同様とする。

（協議解決）

第8条　本契約及び個別契約に定めのない事項又は解釈に生じた疑義は、甲乙誠意をもって協議して解決する。

　2．本契約に関する訴訟は、○○地方裁判所とする。

令和○年○月○日

株式会社　○○○○

東京都千代田区丸の内○丁目○番○号

第6章

処置力不足対策

1 売掛債権の保全処置が第一だ

昨日まで無事だった企業が、一夜明けると倒産していたというケースも昨今では、皆無とはいえません。普通は青信号がいつの間にか黄色信号となり、「オヤ」と思っているうちに赤信号に変わり倒産、というプロセスをたどります。

黄色信号がでたら請求、催促、商品引き揚げなどの検討を始める

取引先企業が黄色信号と判断できたときは、次のような手を打つことを考えます。

請求の遅れは、回収の遅れに直結します。取引は原則的には「契約の成立」→「物の引渡し」→「支払期日の到来」→「代金の回収」の4段階を踏みますが、支払期日の前に日を決めて請求しなければなりません。例えば、締切日の翌日に必ず請求書を発送します。

得意先に黄色信号が出た場合は、とくに請求に注意を払うべきです。

残高確認と納入方法を見直すこと

同時履行の抗弁権を思い出す

相手方が債務の履行を提供するまで、自分の債務の履行を拒絶できる権限を、同時履行の抗弁権といいます。「滞留している代金をいただくまで商品はお売りできません」同時履行の抗弁権を思い出して、これ以上債権を増やさない。

支払期日を20日過ぎたら、売掛残高を確認するとともに、次回の納品を実行するか否かを検討する必要があります。納品するとすれば、未払代金と引き換えにするかどうかを営業担当者と相談しなければなりません。

未払いのまま漫然と納入を続けることは、いたずらに焦げ付きを増大させる危険があります。

まず文書で催促する

得意先に黄色信号が出たら頻繁に足を運び、支払いを催促することは当然です。

それと合わせて文書による催促も忘れてはなりません。支払期日を30日過ぎたら、督促状を葉書または普通郵便で出します。物事には、やはり順序というものがあり、いきなり内容証明郵便で催促するのはカドが立ちます。

ただし、支払期日を45日過ぎてもまだ支払ってくれないときは、今度は配達証明付内容証明郵便で催告状を出します。

なお、取引先との話合いによる解決を考慮して、督促状や催告状の文言（表現）は穏やかなものにしておきます。

商品引き揚げを検討します

得意先と相談のうえ、納入した商品を引き取ることも考えるべきです。法律的には、売買契約を合意解除して商品を返してもらうか（赤伝によ

商品の引き揚げでの注意点＝緊急避難的安全確保

自社商品の引き揚げにあたっては、とくに特注品のときなどは得意先の担当者に簡潔に「緊急避難的安全確保」用件を伝え、了承を得てこれを実行。了解がないと「窃盗罪」となる。

る返品処理)、あるいは代金の代物弁済として納入商品をもらう、ということになります。

しかし、昔からの継続的取引であるため、納品を打ち切りにくかったり、取引先と話合いがつかない場合は、まだこの段階で担保や個人保証を要求することは無理です。そんな場合は、相手から商品を買い、売掛金と買掛金とをいつでも相殺できるようにしておくのが、一番手っ取り早く、かつ上手な売掛債権の保全処置です。

また、債権の譲渡も交渉してみるべきです。

「相殺」の手段を有効に活用する

得意先を喜ばせておいて、しかも売掛金を回収する。こんなうまい方法が「相殺」です。

強く出ると徹底抗戦しそうな相手や義理のある相手、また継続的な取引先の場合などには、もってこいの回収法です。

AはBに150万円の売掛金をもち、逆にBはAに200万円の売掛金をもっています。この場合、Aは自分の150万円の売掛金を受働債権(相殺する債権)とし、Bの200万円の売掛金を受働債権(相殺される債権)として対当額で相殺(差し引き計算)をすると、Aは差額の50万円だけをBに支払えばよいことになります。ただし、相殺を利用するためには、図表6-2のような4つの留意点を満たす必要があります。

❶は、両方が金銭の支払いを目的とする債権(金銭債権)であれば、この条件を満たします。

> **エピソード＜R係長の相殺準備が素晴らしい＞**
>
> R係長は、得意先が不良債権化の恐れがあると感じて、得意先の工事部門に自社の外壁の塗装工事を依頼した。その未払代金と回収債権を相殺した。おかげさまで焦げ付きはゼロ。

第6章　処置力不足対策

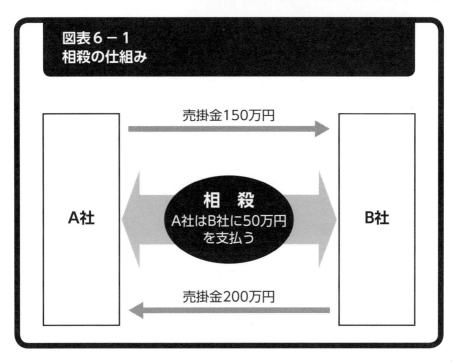

**図表6－1
相殺の仕組み**

**図表6－2
相殺の4つの留意点**

❶ 両方の債権が同じ目的をもっていること
❷ 両方の債権の履行期（支払期日）が来ていること
❸ 相殺をしないという特約が両者間にないこと
❹ 法律上、相殺が禁止されていないこと

相殺のある請求書の書き方

Q：自社は取引先に請求金額￥1,000,000の請求を出しました。自社には￥100,000の支払いがあります。どのように請求書を作成すればよいでしょうか。
A：請求金額　￥1,000,000　請求総額　　相殺金額　△￥100,000　差引請求額￥900,000のように、1枚に請求書を書きます。

❷は、自働債権の履行期は来ていますが、受働債権はまだ履行期がきていない場合でも、Aが期限の利益を放棄（支払期日前に支払う）すれば大丈夫です。ところが、Aの自働債権の支払期日が来ていない場合は相殺はできません。これでは、Aの好きなときにいつでも相殺できないことになります。しかし、契約書のなかに図表6－3の特約を入れておけば問題は解決します。

図表6－3
相殺の特約

第○条

　売主　（Aのこと）が買主（Bのこと）に対し債務を負担しているときは、売主は自己債権の弁済期の到来すると否とを問わず、自己債権と売主が買主に対して負担する債務の対当額につき相殺しうるものとする。

　また❹については、例えば、自動車事故にもとづく損害賠償を請求する債権（不法行為にもとづく債権）や扶養料・雇用保険金・厚生年金などのように差押えを禁止されている債権などは受働債権にすることはできません。

　商品の売掛債権は、受働債権にすることができます。

相殺＝配達証明付きの内容証明郵便の活用
相殺するという通知が相手に伝わってはじめて債権を消滅させることができるので、相殺の通知は、配達証明付きで内容証明郵便を送ることをお勧めします。

相殺の手続きのしかたはこうする

　相殺は、当事者の一方（A）から相手方（B）に対する一方的な通知（意思表示）でできます。相手方の承認は必要ありません。ただし、この通知には条件や期限は付けられません。

　相殺の通知は口頭でもよいのですが、いつ相手方に通知をしたのかをハッキリさせるために配達証明付内容証明郵便を使います。そして、この郵便が相手方に配達されたときに、相殺の効力が生じます。

　通知することなしに差引計算を一方的に行なっても、相殺の効力は発生しませんから注意してください。

相殺通知の書き方はこうする

　自働債権と受働債権とが特定するように、①いつ納入したのか、②何という商品（または仕事）に関するいくらの売掛債権（または請負代金）であるか、を具体的に書くことが大切です。

相殺は手っ取り早い回収手段

相殺ができるのは自分が持っている債権の支払期限が到来しているときに限ります。相手方に対して「相殺します」との意思表示をすれば、対抗し合う金額の範囲で請求権が消滅します。ただし、相殺禁止の特約が無いことを確認。

図表6-4
相殺通知書の書き方のポイント

ポイント1

「対当額」を「対等額」と書くと誤りです。対等額と書いた通知書をしばしば見受けるので要注意です。

ポイント2

Ａ社もＢ社も現住所を書きます。万一、登記簿上の住所と現住所が違う場合も現住所を書きます。

ポイント3

Ａ社は必ず代表取締役名を上書き、代表者印を押すこと（Ｂ社の代表取締役名は不要）です。

相殺領収書の書き方

Q：前の質問の2つ目です。自社の相殺領収書の額面は￥100,000でよいのでしょうか？

A：正解です。本来は￥1,000,000の領収書を発行するところでしょうが振込み分￥900,000は領収書が不要で残りの￥100,000分の領収書を発行すればよいでしょう。自社の場合、但書きには、「○年○月請求分と相殺」と書いて出します。

第6章 処置力不足対策

2 現金で回収できなければ「代物弁済」で回収する

  念書をもらって代物弁済させる

　AがBに対してもっている売掛金を現金で支払ってもらう代わりに、両者話合いのうえ、債権や動産、不動産で決済することを「代物弁済」といいます。倒産会社から商品を引き揚げる場合も、この代物弁済の方法がとられることがあります。

　例えば、300万円の代金の支払いに代えて商品を受け取ったところ、200万円の価値しかなかったとします。しかしAは、差額の100万円を改めてBに請求できません。なぜなら300万円の債権は、全額が弁済されたことになって消滅してしまっているからです。

　また、代金の代わりにもらった商品にキズがあっても、Aはキズのない完全なものと取り換えてくれとはいえません。

　また、もらった商品は返すから現金で300万円支払ってくれとも要求できません。

エピソード＜S主任の代物弁済のための情報収集が素晴らしい＞

代物弁済では、債務の弁済の代わりに不動産が譲渡されることが多いですが、動産、債権も代物弁済における資産の対象になります。S主任は、営業のときに債務者が保有する動産（宝飾貴金属絵画骨董）をきめ細かく記録していました。債権の完全回収であと30万円のところで、債務者の絵画を鑑定してもらい代物弁済としました。

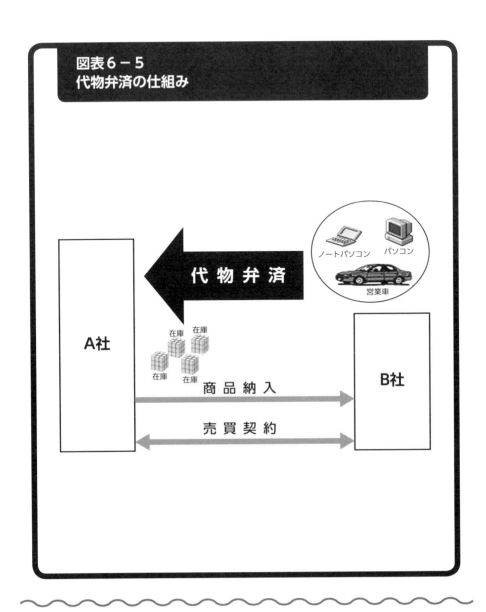

代物弁済を成功させるには、日頃の情報収集力がカギとなる

第6章　処置力不足対策

 不動産は登記を忘れずにしておくこと

　代物弁済の目的物が動産である場合は、Ａはその引渡しを受けなければなりません。

　ＢがＣに対してもつ売掛債権を代物弁済の目的とするときは、Ｂから第三債務者Ｃに、Ａに債権を譲渡した旨を配達証明付内容証明郵便で出してもらいます。Ａが自分でこの内容証明郵便を書き、Ｂの代表者印を押してもらったうえ、自分で郵便局に持っていけば万全です。

　不動産が代物弁済の目的である場合は、代物弁済を原因とする所有権の移転登記をします。登記申請は、Ａ、Ｂ両方とも必要ですから、Ｂから図表６－６の書類をもらうことを忘ないようにします。

**図表６－６
所有権移転登記に必要な書類**

❶ 登記済証（権利証）
❷ Ｂの代表者印の印鑑証明書（作成後３か月以内のもの）
❸ Ｂの代表者印を押した司法書士への委任状
❹ 不動産の固定資産評価証明書

焦げ付き予防の三本の柱を営業部門と管理部門に取り入れて、連携プレーでソツなく行なっていくことが、予防体制の確立につながる。
１．与信管理　　２．追跡調査　　３．債権管理

151

3 「代理受領」の手段をつかう

A社は、工務店Bに納入した商品代金の担保として、B社がC社に対してもっている請求代金債権を譲り受けたいが、請負契約には譲渡禁止の条項が入っている。こういった場合には「代理受領」という方法が効果的です。

代理受領というのは、A社がB社の代理人となって、C社から請負代金をもらうこと。そのためには、「委任状をもらう」「受領証を預かる」という2つの段階をふむ必要があります。

エピソード＜T係長の代理受領の熟知が素晴らしい＞

T係長は、「工事請負契約に係る代理受領に関する取扱要領」の内容を熟知して、代理受領を実現した。複雑な契約書や取扱要領を事前に研究していたのが素晴らしい。

第6章 処置力不足対策

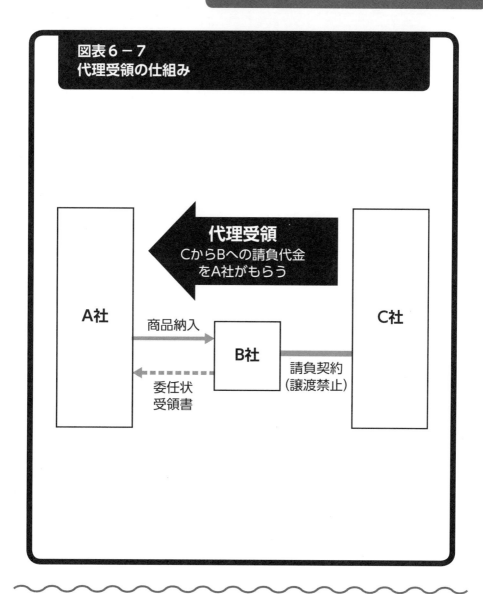

図表6-7
代理受領の仕組み

代理受領の注意点

例えば、公共工事を行なった建設業者は発注者である官公庁に対して請負代金債権を持つが、通常その代金債権には譲渡禁止特約が付されてる。代理受領であれば譲渡禁止特約があっても行なうことができ、債権譲渡に近い効果が得られる。

委任状をもらう

　まず工務店Bから「請負代金の受け取りにつきA社を代理人とする」という委任状をもらいます。その委任状には、図表6－7の事項を忘れずに書きます。

**図表6－8
委任状作成上の留意事項**

❶ B社は、A社の同意なしに本件債権を譲渡しないこと

❷ B社は、A社の同意なしに本件委任を解除しないこと

❸ 本件委任の事項をA社以外のものにダブって委任しないこと

❹ 弁済の受領（請負代金を受け取ること）はA社だけが行ない、B社は受領しないこと

　与信管理の利点は、管理部門（総務・経理・法務）の努力だけでは引き出せない。営業担当者1人ひとりが、与信管理の意識や目的を十分理解しましょう。

なお、委任状の最後に、「上記の件、異議なく承諾いたします。」というC社の奥書をとっておきます。こうしておけば、万一C社がA社以外のものに代金を支払っても、改めてA社に払えと要求できるからです。
　もっとも、実務では、C社の奥書をとりにくいこともあります。そのときは、次善の策として、A社はこの委任状をC社に見せ、代理人である自社に支払ってくれるように頼み、C社に対する心理的効果を狙うほかはありません。

受領証を預かっておく

　B社から受領書を預かっておきます。もし、あらかじめC社に使用する印が届けてある場合は、必ずその届印を押してもらいます。
　ただし、他の債権者によってこの請負代金債権が差し押さえられたり、あるいはC社が相殺すると、A社は手の施しようがありません。

譲渡禁止
譲渡禁止とは、その債権債務をそっくりそのまま第三者に譲り渡し、その第三者を債権者または債務者にさせることを禁止する条項を指す。

4 「債権譲渡」をスムーズにすすめるにはこうする

　AはBに対して200万円の売掛金をもっており、BもCに対して300万円の売掛金をもっています。AがBから支払ってもらえない場合、本来の現金による支払いに代えて、BのCに対してもつ売掛債権300万円のうち200万円を譲ってもらい、Aが直接Cから200万円を取り立てることができます。これが「債権譲渡」という方法です。

債権譲渡はスピードが勝負です！

債権譲渡通知は確定日付内容証明郵便で郵送が基本。債権譲渡はスピードが勝負です！債務者に債権譲渡通知を直接届けて経緯を説明し、理解を得る。

第6章　処置力不足対策

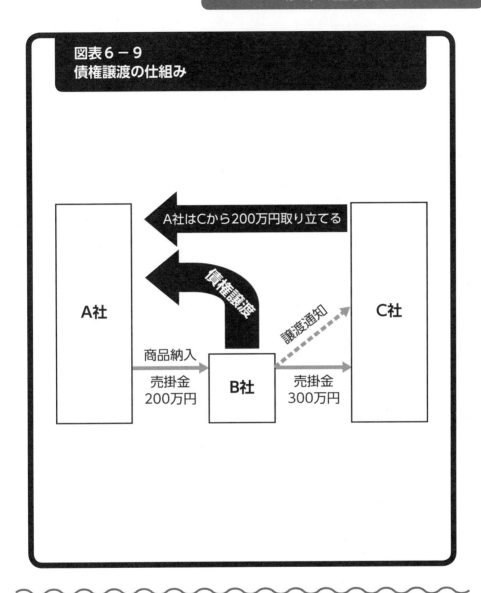

図表6-9
債権譲渡の仕組み

取引先が倒産必至ならどんな手を打つか？
　1．債権・債務を把握する　2．相殺の準備をする
　3．売掛残をつかむ　4．取得担保を確認する
　5．債権の減少策を講じる　6．書類を揃えて社長と会う

通知は内容証明郵便で行なう

BがCに対してもっている売掛金などのように債権者のハッキリした債権（指名債権）を譲渡するときは、①譲渡人であるBからCに対して「Aに譲渡した」という通知を出すか、②Cの承諾がなければ、Cまたは第三者に債権の譲渡があったことを主張できません。なお、その債権譲渡の通知または承諾は、C以外の第三者に対しては「確定日付のある証書」がなければ、債権の譲渡を主張することはできません。

実務では、債権者Bから債務者Cに譲渡通知を配達証明付内容証明郵便で出すのが普通です。これには、次の３つの目的があります。

① 郵便局の押した日付印は確定日付となる

② どの債権を、いつ、誰に、いくら譲渡したことを通知したのか、通知の内容を明らかにできる

③ いつ、その通知が債務者に届き、債権譲渡の効力が生じたかをハッキリさせることができる

債権譲渡通知書の書き方

BがCに対する債権をAに譲渡したのち、BがさらにDにこの債権を二重譲渡したとします。この場合、BがC宛に出した２通の債権譲渡通知のうち、先にCに着いたほうが勝つのです。

例えば、Dに債権を譲渡した旨の通知のほうが先にCに着くと、A

書類は、自社で全部準備しておく。

はもはやDに向かって「私のほうが先に債権の譲渡を受けたのだ」とは主張できなくなるのです。

したがって、譲渡通知がいつCのところに着いたかは、勝敗の決め手となるわけです。なお、この債権譲渡の通知は、譲渡人のBから債務者のCに出すべきで、譲受人のAからCに出しても法律上、何の効果もありません。

さて、Aとしては、BがC宛に間違いなく債権譲渡通知を出してくれたかどうか、不安になることもあります。そんな場合には、Aが自分でB→Cの債権譲渡通知を内容証明郵便の用紙に書き、Bの押印をもらったうえで、自分の手で郵送すれば安心です。

債権譲渡通知の前には、債権譲渡契約書を必ず準備して署名捺印をもらうようにします。

エピソード＜U経理課長の的確な資料が素晴らしい＞

U経理課長は、債権回収に関する書類を顧問弁護士の指導で事前にExcelで作成していた。
不良債権が懸念される得意先の代表者に、営業部長と連携して完全回収にあたった。
事前の段取りが素晴らしい。

5 担保にはどんな種類があるか

人的担保とは

担保は大別すると、人的担保と物的担保の2種類に分類できます。

人的担保とは、もっぱら人間的な信頼関係に根ざした担保で、得意先以外の第三者（法人も含む）の一般財産をあてにする、①保証、②連帯保証、③連帯債務などに代表されます。

物的担保とは

得意先または得意先以外の第三者の特定の財産に裏打ちされた担保をいい、①抵当権、②根抵当権、③仮登記担保権、④質権、⑤譲渡担保、⑥留置権、⑦先取特権、⑧債権譲渡、⑨代理受領や、割賦販売に利用される⑩所有権留保形式などを指します。

また、債権と債務との⑪相殺、⑫相殺契約、⑬相殺予約、あるいは銀行の各支店間で行われる⑭同行相殺も、広い意味での物的担保といえます。

物的担保には、お互いの約定がなくても法律上当然に生じる担保権と、

連帯保証人と連帯債務者の違い

連帯保証人は債務を保証する人。連帯債務者は一緒にお金を借りている状態を指します。

約定によって生じる担保権とがあります。前者を法定担保物権といい、留置権や先取特権がこれに該当します。

人的担保では不安がある

人的担保は、第三者（保証人）との信頼関係が前提になっていますから、その第三者の出方しだいでは、せっかくの担保が担保としての意味をなさない危険性があります。

例えば、得意先に対する売掛金を担保するため、第三者から保証書をもらったとします。

その場合、得意先が倒産したときに、当の保証人が支払ってくれなければ、裁判で判決をもらわないかぎり、その保証人の財産に手をつける（強制執行）ことはできません。

また手間をかけて勝訴判決をもらっても、その保証人に財産がなければ、結局売掛金の回収はできず、仮に財産があっても、他に多くの債権者がいるときは、債権者の立場は平等なため（債権者平等の原則）、十分な回収ができません。

つまり、人的担保は、保証人の気が変わったり、保証人の財産状態に変化が生じたりすると、担保の役目を果たすことができないという点で、きわめて浮動性があり、たよりないということです。

エピソード＜Ｖ営業所長の連帯保証人の経過観察が素晴らしい＞

Ｖ営業所長は、取引基本契約書に記載されいる連帯保証人は社長の弟（専務）、専務が闘病生活に入り復帰が難しいと判断して、社長と交渉して別の方を検討していただき債権を保全することができた。

物的担保には物の裏付けがある

　物的担保は、特定の物の裏付けがあり、得意先が倒産すればその物の処分代金から優先的に売掛金の回収ができます。

　例えば、抵当権ですと、競売という方法でその物を換金処分し、その処分代金の中から、抵当権をつけた順位にしたがい、他の債権者に優先して売掛金の弁済を受けることができるのです。

　人的担保の場合、保証人の一般財産をあてにするとはいうものの、その財産から当然に優先弁済を受けられない弱味があるのに対し、物的担保は、得意先または第三者の特定の財産に優先権という強力なタガがはめられているからです。

個人保証とは何か

　得意先の社長や専務から個人の資格で保証書をとることを、一般に「個人保証をとる」といいます。しかし、個人保証といういい方は、法律上の用語ではありません。個人として保証するというところから生まれた言葉にすぎないのです。

　したがって、法律上はその中身が問題となるわけで、1回かぎりの取引なら連帯保証、将来も取引を続けるのなら連帯根（ね）保証をとるべきです。

根保証

根保証とは、一定の取引関係から生ずる現在および将来にわたって生じる債務を、限度内ですべて保証することを指します。

第6章　処置力不足対策

6 商品の引き揚げはどんな手順でやればよいか

商品引き揚げにまつわるトラブルは、跡を絶ちません。商品の引き揚げのトラブルを避けるためには、あらかじめ商品引き揚げの準備を用意周到にしておく必要があります。

 商品引き揚げには2つの態様がある

「商品引き揚げ」という用語は、倒産用語の1つとして定着し、いろいろな解説書にも出てきますが、法律的には、次の2つに区分することができます。

1つは、その商品について締結ずみの売買契約の解除であり、もう1つは、その商品の新たな売買契約（債権者の側からは買取契約）の締結です。

エピソード＜W営業課長の指示が素晴らしい＞

W営業課長は、担保の設定が必要と判断するや否や不動産登記情報提供の有料サービスを活用して、登記所が保有する登記情報をインターネットを使用してパソコンの画面上で確認した。そのあと課員に具体的な指示を行なった。

163

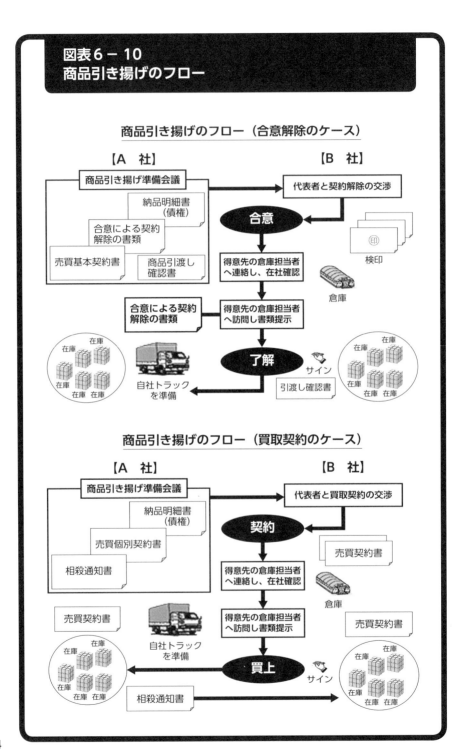

自己売り商品の返品が基本

　売買契約の解除とは、債権者（甲）が得意先（乙）に売り渡した商品の売買契約を解除し、その原状回復として、甲が乙から目的商品の返還を受けることであり、いわゆる自己売り商品の「返品」といわれているものです。

　もう1つの方法は、他の債権者が乙に売り渡した商品を乙から買い取るものですが、甲としては商品を買い取るだけでは債権の回収に役立てることはできません。

　商品の買取代金（買掛金）を乙に支払ってしまえば、せっかくの商品買取りが何の役にも立ちません。この買掛金を乙に対する債権と相殺することによって債権回収の実を挙げることができるのです。

　他社売り商品の引き揚げ方法として、当該商品を発生ずみ債権の代物弁済として引き取ることもあります。この場合は、代物弁済によって、債権の一部または全部が消滅するため、相殺手続きは不要となりますが、それだけに、代物弁済価額の算定をめぐって甲乙間の合意に手間どることがよくあります。

 ## 合意解除が理想

　自己売り商品については、甲はその売買契約を解除（法定解除、約定解除、合意解除）したうえで、目的商品の引き揚げ＝占有の移転を図るのですが、占有の移転に際しては、乙の協力が不可欠となるため、実務上は、乙との合意による合意解除が最適となります。

取引基本契約書をチェックする。

法定解除ないし約定解除にせよ、解除権の行使（書留内容証明郵便による解除通知の発送・到達）により、契約解除の効果＝目的商品の所有権は甲に帰属するものの、解除通知の到達後から現実の引き揚げまでの間に、乙の変心・抵抗による目的商品の隠匿・転売ないし引渡し拒否の事態が発生することがあります。

　そこで、契約解除の効果と現実の引渡しとが同時的に生じる合意解除がもっとも効果的です。自己売り商品の引き揚げは、乙の倒産時の"てっとり早い"債権回収策の１つである以上、迅速・的確に行なわなければなりません。

得意先の代表者を相手とし、必ず書面にする

　合意解除にあたっては、乙の代表者を相手とすることが必要です。

　代表取締役（営業担当）であることに越したことはありませんが、商品の仕入・販売担当の取締役（取締役営業部長）や、使用人であっても商品の仕入・販売の権限をもっている営業担当の部長または工場長でも結構です。

　そして、合意がととのえば必ず書面（当該商品の売買契約は令和○年○月○日で甲乙双方合意のうえ解除した旨の書面）にまとめ、相手の会社名・職名（肩書き）を含めた記名捺印をもらってください。

　よく自社サイドだけで赤伝票（取消伝票）を発行し、債務者に対しては何らの手続きもせずそのまま放置し、後日債務者からクレームをつけられることがありますので、十分に注意してください。

詐害行為に注意する

詐害行為とは、債務者が自身の財産を意図的に減少させること。倒産する前に不動産を不当に安く売ってしまうと、本来その不動産の売買代金から回収できたはずのお金を債権者が回収できなくなってしまうため、このような詐害行為は禁止されている。

第7章

連携力
不足対策

1 代金の回収モレはなぜ発生するか

　与信限度額を設定して売掛金管理の体制ができ上がっても、それだけで売掛金が完全に全額回収できるとは限りません。企業経営のなかで最も重要な業務に販売業務（営業活動）がありますが、この販売業務は「売上業務」と「代金回収業務」に区分されます。代金の完全回収は、営業部に売上業務を確実に実施してもらうことから始まります。例えば、ある会社の経理部は、営業部から回ってくる売上伝票を忠実にコンピュータに入力処理していました。月末には売掛金の請求のために請求書を発行していました。そして売掛金が回収されれば、売掛金回収予定表に「済み」とチェックしていました。以上のような業務の流れはどこの会社でもありそうなものです。

　ところがよく調べてみると、何か月も滞留している売掛金が発見されました。どこに原因があるのでしょうか。

　この会社では、経理部で作成された請求書を営業担当者に直接得意先に持参させる方法と、経理部から郵送する方法をとっていました。新規の得意先には、早期に良好な人間関係を築くために請求書を持参することになっていいます。

　代金の回収もしばらくの間は、営業担当者が直接行なうことになっていました。

チームプレーで完全回収する。

第7章　連携力不足対策

　このような仕組みのなかで、何人かの営業担当者が架空の売上を計上して実体のない成績をあげていたのでした。したがって、経理が発行した請求書は相手先に渡っていなかったのです。製品のほうは、製品台帳を見ると出庫されていることになっていました。

　しかし、相手先が製品を受け取ったという物品受領書のほうは全部の取引に渡って回収されていませんでした。営業部でも製品が得意先に届いているか確認されていなかったのです。たまたま別件で得意先から問い合わせがあったのがきっかけで、ある営業担当者の架空売上が発覚したのでした。机の中や営業車の中から物品受領書や製品の一部が見つかりました。このようなことがわかって、個別に全員の営業担当者を調査してみると、長期にわたって回収されていない売掛金や経理部に回っていない伝票などが発見されました。

　この会社は、製造と卸売を行なっており、最近この会社はライバル会社の魅力ある新製品に押され気味となり、販売実績が低迷しているところでした。それにもかかわらず、営業部の営業担当者の個人別売上目標数値は高く、また目標を達成した営業担当者には報奨金が出されることになっていました。ですから営業担当者は成績についてかなりプレッシャーを感じていたようで、そのことがこの事件の背景にあることが判明しました。

　このことからわかるように、漏れなく代金回収を行なおうとすれば、販売業務全体から見直す必要があります。販売業務のなかで、特に代金回収業務はその企業の資金繰りにも影響してきますので、経理部が中心となり、営業部も巻き込んだ、受注から売上の計上（売掛金の把握）、売掛金の請求、回収残高の把握までが確実にできるシステムを構築する

販売管理システムを熟知して完全回収する。

ことが必要です。

　端的にいうなら、完全回収の実現は、モレのない請求とモレのない回収があって初めて可能だということになります。

社内的要因による回収モレがかなりある

　請求のモレと回収のモレはどのようにして発生するのでしょうか。通常考えられる要因は、社内の問題に起因するものと得意先の問題に起因するものとに分けられます。

　社内的要因による回収モレで意外に多いのが、管理体制の不備であることがわかります。なかでも営業部と請求書発行部門（経理部あるいは営業事務）との連携の悪さからくるものがあります。

　具体的にいうと、次のものが該当します。

① 営業担当者が当月の売上計画達成のために、支払いは次回送りを承知で締日直前に売上を計上し、そのことを経理部に通知しないケース。

　　これがエスカレートすると、翌月に返品を受けるという、伝票操作上だけの売買がはびこることになります。

② 返品がされているのに、経理部にその旨の通知がされていないために、繰越残高として残るケース。

③ 値引きをしていながらその金額が経理部に通知されないために、得意先との間に違算額が生じて残高が残るケース。

新人社員・中途採用の社員に、売上から請求までの手続きを周知徹底する。

これらの繰越残高は、いうならば得意先にとってみれば「言い掛かり」のようなものであり、営業担当者との間では納得づくの不払金です。

これに対して、集金の怠慢による回収モレは営業担当者の管理体制、意識の問題であり、対策を立てることにより回収率は確実にアップするものです。

得意先に起因する回収モレもある

営業部門と経理部門との連絡体制の不備による回収モレと同じように、得意先と自社との間で意思疎通や連携を欠いていることにより回収モレが生ずるケースも少なくありません。

例えば、次のようなケースです。

① 品質などの問題で値引き交渉中のために、金額が確定せず支払いを見送っている場合。

② 得意先での検収期間が延び延びになって、そのことが自社の営業担当者に伝わっていない場合。

もちろん、得意先の一方的な検収遅延は認められませんが、その点について営業担当者が何も知らされていないというのは問題が残るところです。

加えて、得意先との関係でいうなら、意図的な支払遅延があげられます。このなかには、業界慣習として請求額の一部を必ず繰り越すことになっている場合も見られるようですが、その大半は資金繰りなど社内事情によるもので、この繰越し・遅延は不良債権化する危険性があります。

> 経理部も営業会議に出席して、仕事の問題点を把握する。

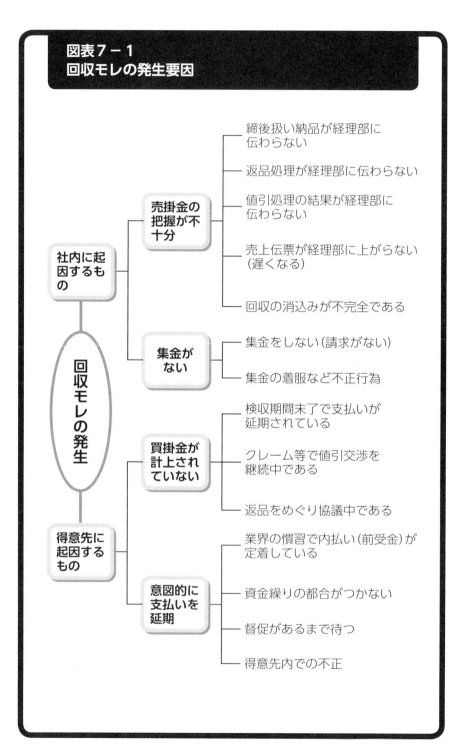

第7章　連携力不足対策

2 売上の計上時期のルールは正しいか

　このように、売掛金管理の基本は販売業務全般にかかわりますが、その前に売掛金そのものの発生をどう捉えるかという問題があります。すなわち、売掛金の計上時期が社内で、あるいは取引先との間で統一されていないと事務処理が繁雑になりますし、会計処理上も税務処理上もトラブルのもとになります。

　現金販売は、売上と同時にその代金を回収するので、販売の実感がありますし、現金売上として計上することも納得できます。

　しかし、掛売りでは、特殊な販売を除き、商品を納品した段階で手元に戻ってきた物品受領書から売上を計上して、帳簿に記帳します。

　この場合は、商品を納品しただけでまだ販売代金を回収していないのに、売上として計上するのが本当に正しいのかという疑問が生じます。また、ガスや電気を供給する会社、電話会社などでは、実際に商品を納入するわけではありません。どの時点で売上を計上したらよいのでしょうか。

　税法上は、たな卸資産の計上時期は引渡しの時に行うと決められています。したがって、たな卸資産を現金や掛けで販売する一般販売は、たな卸資産の引渡し時に売上を計上することになっています（引渡基準）。具体的には、図表7-2のような時点が計上時期になります。

売買の時は、売上計上の基準による

　小売り販売などでは、店頭で即商品引渡しなので、「販売時」を考える必要もないのですが、通信販売などのように、出荷、到着、検品（検収）にタイムラグの発生する業態では、どのタイミングをもって売上を計上するのか迷います。商品の出荷時点で売上計上（出荷基準）、商品の客先到着時点で売上計上（引渡基準）、商品の検品終了時点で売上計上（検収基準）。

173

図表7-2
売上計上のとき

- 倉庫からたな卸資産を出したとき
- たな卸資産を出庫したとき（出荷基準）
- たな卸資産が得意先に到着したとき（引渡基準）
- 取付けの必要な機器を取り付けて使えるようになったとき
- たな卸資産の納品後、得意先が検収し合格を出したとき
- 電気、ガスなどのメーター検針で使用料を計上する場合には、その使用料を検針したとき

たな卸資産以外の場合には、次のような計上基準があります。

- 運送業者にたな卸資産を依頼し引き渡したとき
- 宅配便（運送業）は依頼品を先方に届け、役務が完了したとき
- 建設会社では、請け負った建築物を完成したとき計上する工事完成基準、部分的に完成したとき計上する部分完成基準、工事の進捗状況に応じて計上する工事進行基準があります。

第7章　連携力不足対策

　このように掛売りの場合に売上（売掛金）を把握するのは、商品等の引渡しの時点というのが原則ですが、得意先との力関係で売上計上の時期が必ずしも一定しないこともありますので注意が必要です。

売上収益を認識する基準は統一
どの時点で売上収益を認識するかは各会社の任意。選択した基準で全て統一する必要がある。例えば、普段は検収基準だけれども、今月は決算月で売上目標を達成したいので今月だけ出荷基準、というのは NG！

3 回収モレを出さない請求システムはどうする

  売掛金の記帳・記録はどうなっている

　売掛金の記帳・記録は、基本的には公正妥当な企業会計と税法に準拠するものでなければなりませんが、一方で単なる記録ではなく、請求モレを防止でき代金回収に資するものでなければなりません。さらには、危険管理の上からも適切な情報を入手できるものが望ましいことはいうまでもありません。

　一般に売掛金の記録は、送り状、出荷伝票、納品書、売上伝票などの原始帳票の作成からスタートして、これを基に売掛金元帳（得意先元帳）に転記されて、最終的に総勘定元帳の売掛金勘定によって統括されます。

　請求は、この売掛金元帳に基づいて行われ、回収時にその結果はやはり売掛金元帳に消込みを行って記録として残されていきます。

　このように、売掛金元帳には得意先別の取引記録のすべてが記載されていますから、これを請求や督促のつど確認すれば、請求モレや回収モレが発見でき売掛金管理の目的を達することができます。

　しかし、得意先数が少ないとか、記帳する人と集金する人が同一人であるといった限定された状況下ではそれでもいいでしょうが、得意先数

請求漏れで消滅時効が成立

売掛金（債権）という権利を持っていても、2年を経過していたらそれは「消滅時効」。2年以上前の請求忘れ・請求漏れの場合、法律的に時効が成立しているので請求できない。

が多くなり、記帳事務を担当する部署と集金を担当する部署とが異なる場合には、売掛金元帳だけによって売掛金管理をするのはあまり効果的ではありません。

それは、事務処理が機械的に流されやすくなることと、得意先元帳だけでは回収の途中の過程までを把握するのに無理があるからです。勢い、その不備を補完する体制を考えなければなりません。

売掛金管理は、売上業務と代金回収業務を連結するピンの役割を担っています。販売業務のなかでも手間がかかり、多くのミスが発生しやすい業務です。

少なくなりましたが、特に手作業で行なっている会社では、きめ細かく管理するまでは手が回らず、売掛金の残高が得意先の買掛金の残高と一致しないというような状態になっているケースも見受けられます。

営業部門との連絡モレを防止する

回収モレの要因を見てもわかるとおり、回収モレには、営業部門から営業事務・経理部門への連絡がスムーズに流れていないことにより発生するものが少なくありません。

受注してから売上伝票が多くの人の手と転記を経て経理部に連絡されています。売上伝票の起票、売上伝票の回付、売上日報、総勘定日計表への記帳、売掛金元帳への転記などがそれぞれその前段階での帳票を基に作成されていますから、そこに至るまでの段階で作業がストップしていると、先に進まなくなります。

したがって、この流れをスムーズにすることが回収モレを解消する第

毎朝、経理部からの担当者・チーム宛てにメールでくる「回収速報」をみる。

一歩となります。

　これを解消する１つとして売掛金管理のシステム化が考えられます。

　システム化によって経理部、営業部で相互チェックを図ることができるようになります。

　しかし、売掛金管理システムによってすべてが解消するものでもありません。その１つが、原始伝票への記入が不完全な場合です。

エピソード＜営業課 X 係長の朝会の事前連絡が素晴らしい＞

営業課 X 係長の週２回の朝会の事前連絡が素晴らしい。月曜日と木曜日に朝会がある。朝会の前に各メンバーにメールで顧客別の回収状況が詳細に知らされている。朝会の時は、未収先の原因分析と検討だけが行なわれる対策会議になっている。

第7章　連携力不足対策

図表7-3
原始伝票を完全にするためのポイント

ポイント1 締後扱い納品の場合には、物品受領書にその旨の記載を記入して、上司の検印を受けます。安易な締後扱いは売上計画を狂わせ、ひいては資金繰りにも影響を及ぼすことになります。

ポイント2 検収期間がある得意先については、その内容を分類して、社内伝票の記載方法を統一します。この場合、得意先では未検収品は仕入明細に記載しないのが普通であるため、納品した事実は物品受領書によってしか判明しないことになります。そのため、物品受領書の保管は重要です。

　このほか、一般的なチェック方法として次の手続きを実施し、売掛金元帳の正確を期します。

ポイント3 定期的に、売掛金回収の原始帳票である入金伝票、現預金出納帳、受取手形帳などと照合します。

ポイント4 定期的に得意先に対して残高確認をします。これは単に回収モレを発見するためでなく、滞留分の支払い誘導の心理的効果を期待できます。

請求締日を見直してみる

　意外に軽視されているのが、請求締日の見直しです。

　締日そのものの解釈1つにしても、商品の納入日でもって締めるところもあれば、当方からの請求書の到着日をもって締め切るというところもあるというように社内・得意先で共通の解釈が行なわれているのかどうかを確認してみます。

　そのうえで、請求内容と支払明細の間の差異が大きいとか、請求額に対する入金割合が月によって違う得意先が多い、などの状況が頻発しているところでは、得意先の信用状態を調査する前に自社の営業活動に原因がないかを調べてみる必要があります。自社の締日が販売の実態にそぐわなくなっていることが考えられます。

　改善策として、請求締日を集約することがあげられます。請求締日がバラバラだとどうしても管理に落ちが出やすくなります。例えば、5日締め、20日締め、月末締めの月3回くらいに集約していく方向で、営業担当者を通じて得意先と折衝し、了解を取り付けるようにします。

　最近は企業の財務管理会計のシステム化が進んだこともあって、当初の約定による得意先の締日が早まっていることもありますので、それに対応した体制になっているかどうかのチェックも必要です。

 ## 取引内容に応じた請求方法にする

　同一の得意先でありながら、例えば、OA機器の販売で機器本体は手形払いで、その後のメンテナンスや消耗品などは小切手払いや現金払い

支払条件

支払条件の「20日締の翌月25日払い」の意味。当月という言葉が省かれていますので厳密に言えば、今月20日に締めて、翌月の25日に支払うという意味です。

第7章　連携力不足対策

にするというように取引内容が多様化しているのが最近の傾向です。こ
れが請求締日の違いや請求事務を複雑にしています。

　画一的な取扱いはできませんので、社内的に体制を確立し、営業部門
にも徹底を図ります。

請求書の発信主義と着信主義

請求書の到達について、発信主義と着信主義の2つの考えがある。債務者の請求書の
受付期限に合わせて請求書を到着させる着信主義が主流。例えば、毎月25日までに
到着した請求書は翌月末に支払う。

4 営業部門との密な連携プレーで完全回収をすすめる

 営業任せの回収では実効は上がらない

　経理部がいくらすばらしい回収モレのない売掛金の請求システムを構築しても、営業部の協力がなければ100パーセントの代金回収目標は達成できません。それは、月並みですが経理部と営業部は車の両輪のようなものだからです。

　企業の規模や事務処理の仕組み・機械化の程度によって、請求書を発行する部署の違いはあるでしょう。しかし、多くの企業では請求書の発行業務を営業部（営業部門）で行ない、入金状況のチェックは経理部（管理部門）で行なっているのではないでしょうか。

　このように担当のセクションが異なると、どうしても「私、売る人」「あなた、回収する人」と意識がはっきりと分れてしまいがちです。

　ある会社の例ですが、そこでは請求書の発行事務も経理部で行なっていたために、代金回収に対する意識が非常に薄れ、平均回収率は60％というほど低下していました。そこで、営業部門へ請求書発行事務を移管し、経理部からは個人別入金状況一覧表を提供するようにしたりして、個人個人が回収に対して関心をもつように改めました。回収率の悪い営

エピソード＜Y所長の回収率100％の営業チームの動きが素晴らしい＞

Y所長の営業チームは、6年連続営業目標達成率100％、代金回収率100％。その秘訣は、Y所長のビジネスコーチングが素晴らしい。顧客管理システムと与信管理マニュアルを基にメンバー1人ひとりと対話を密にして、回収の重要性を気付かせている。

業担当者は、人事考課の評価も低くしました。

こうした施策が徐々に効果を上げてきて、現在では回収率は95％までになっています。

 うまく連携すること

回収率が悪い会社の場合は、とくに営業部と経理部との密な連携が重要になってきます。経理部は事務処理（財務会計）を行なうのが主たる業務ではなく、経営管理を中立的な立場で客観的に判断し、意見を述べられる部門になる必要があります。

そこで、売掛金管理に関する経理部と営業部との個別の連携プレーのポイントには次のようなことがあります。

① 営業部と経理部との責任と権限、業務範囲を明確にし、相互に理解する。

② 経理部は、請求書発行事務を営業部に任せ、売掛金残高を得意先別・営業担当者別に把握させる。

③ 販売システムの内容とシステムの限界を理解させる。

④ 営業担当者に売上伝票を起票させる（またはコンピュータに売上伝票を入力させる）。

⑤ 営業部の方針のなかに、売上達成目標、利益率達成目標に加えて、回収率達成目標を加えさせる。

連携のポイントは、販売管理システムの熟知から。

⑥ 人事考課項目に回収率と顧客管理の項目を追加する。

⑦ 営業担当者個人別に、経理課が提出する「売掛金年齢（サイト）表」「売掛金回収状況表」の滞留先について具体的な対策を営業部長経由で経理部に提出させる。

⑧ 与信管理規程を作成し、過去の失敗例・成功例を添えて営業担当者に渡す。

⑨ 与信管理研修を年４回経理部主催で実施する。研修前には営業担当者に得意先別の信用調査を行なわせ、調査結果を研修時に報告させる。経理部ではあらかじめ独自に得意先情報を収集しておく。

⑩ 回収率の悪い得意先、営業担当者のワーストテン（逆にベストテンでもよい）を出し、営業部長に提出する。異状が出た得意先には「得意先異状報告書」をださせる。

⑪ 年２回、経理部が営業部の販売業務監査（販売計画、顧客管理、販売活動等）を実施する。

　以上の項目を定期役員会で経理部から報告し、改善課題を設定する。

　以上、回収率の悪い会社への対策を掲げました。回収率がそこそこ（85％以上）あり、企業組織もしっかりしている場合には、このうちのいくつかを営業部と経理部が連動して実施することで回収率は高まります。

経理と営業が主催する与信管理研修を実施する。

第7章 連携力不足対策

5 得意先との連携をはかる

定期的に得意先と残高確認を行なう

　実際の債権・債務の額と帳簿上の額とは、原則的には一致していなければなりません。

　したがって、自社の売掛金(売掛債権)等の残高と得意先の買掛金(買掛債務)とに差異があることがわかったときは、その理由を明確にするとともに、清算(相互の債権・債務を差し引きすること)の必要があるものについては、早期に清算しなければなりません。

売掛金元帳の照合は次の手順で進める

① 得意先元帳を月末で締め切ったら、各得意先の当月の売上金額、受入金額、残高が正しいかどうかを確認するために、照合します。
② 元帳を集計して、借方(売上金額)と貸方(受入金額)の欄と前期繰越と残高のそれぞれの合計が総勘定元帳の売掛金のそれぞれの合計と同じかどうかを確かめます。

　異なっている場合の要因としては、

残高確認の重要性

仕入先から売掛金(自社にとっては買掛金)の残高確認状(「確認状」)が郵送されてくる場合がある。確認状は、四半期や半期など定期的にお互いの残高を一致させておく意味合いで送付される。お互いに請求漏れや売上計上漏れ、違算の確認ができる。

・伝票から得意先元帳への数量・単価などの誤記入、計算ミス
・仕訳をした段階での誤記入さらには総勘定元帳の売掛金勘定への転記ミス

などが考えられます。

　売掛金の照合は本来は毎月行なうことが望ましいのですが、やりだすと手間がかかりますので半期ごとや年度末に行なっている会社が多いようです。

　しかし、回収状況の悪化傾向にある得意先や重点管理の必要なところは、その頻度を高めます。

 得意先へ残高確認書を提出する

　売掛金残高確認というと、通常は決算期末のものと思われがちですが、回収が遅れ気味な得意先に随時残高確認をすることは、滞留原因ともなっている不一致などの原因を突き止めることにもなり、得意先に「支払わなければならない債務の存在」を認識させる心理的効果も期待できます。また、戻ってきた確認書は、時効中断の証拠資料としての効力ももっています。

　得意先から返送されてきた「売掛金残高確認書」の金額と自社の把握している債権額との間に違いがある場合には、その原因を調査なければなりません。原因調査を進めます。

　「売掛金残高確認書」とは別に、買手（得意先）に自己の債務を承認させるということから、「債務承認書」に確認印を押してもらう方法もよく使われています。回収が難航しそうな先については、念のために「残

提出の遅い得意先の「残高確認書」は営業担当が取りに行き、近くに郵便ポストに投函する。

第7章　連携力不足対策

図表7－4
売掛金残高確認書

令和　　年　　月　　日

_____　御中

(住所)

(会社名)

(代表者名)　　　　　　　印

売　掛　金　残　高　確　認　書

時下　益々ご健勝のこととお慶び申し上げます。

お忙しいところ誠に恐縮ですが、下記の通り残高確認をさせて頂きたく思います。

お手数をおかけいたしますが、令和年　　月　　日　までにご回答頂きたくお願い致します。

記

令和　　年　　月　　日

_____　行

令和　　年　　月　　日　現在の残高は下記の通りであることを確認しました。

	当社売掛金残高	貴社買掛金残高
金額	円	円
差異内容	円	円

住所

貴社名

代表者名　　　　　　　印

高確認書」「債務承認書」に確定日付をとっておきます。

　また、債務の一部弁済も債務の承認になりますので、額の大小を問わず可能な額の弁済をさせるのも有効な方法です。

　回収されないまま売掛金を放置して一定期間が経過すると時効にかかり、得意先が時効を盾に支払いを拒否してきたときには、自社はそれ以上取立てができなくなってしまいます。

　債務の承認には時効中断の効果もあります。期日に取り立てることのできなかった売掛金について、時効の進行を中断させるための手続きでもあり、時効に注意を払うという意味で最も簡便な方法です。

　消滅時効期間を把握しておき売掛金に関連する主な債権の消滅時効の期間は、売掛金は2年、請負工事の代金は3年です。回収が遅れている債権については、この時効期間を確認しておき、長引きそうなものは適宜中断する手段を講ずるようにします。

消滅時効期間

民法170条から174条までの規定によって短期消滅時効が定められている。借金は、一定の期間が過ぎると時効が成立して返済しなくてもよくなる。売掛金2年、請負工事3年、飲食1年、貸付金5年。
注記：2020年4月1日から施行される「民法」では、「消滅時効」についての規定が大幅に改正されるので再確認してください。

第7章　連携力不足対策

6 信用調査機関との連携と信用調査依頼はこうする

客観的な調査資料が参考になる

　信用調査機関には、大手では東京商工リサーチ、帝国データバンクなどがあります。

　信用調査機関では、1年間に約200万件以上の信用調査を行なっています。得意先の調査、いわゆる「信用調査報告書」の1件当たりの調査料金は2万円程度（注：信用調査の内容により異なる）です。しかし、この費用で与信管理のすべてをまかなうことはできません。

　実際に商業登記や不動産登記を調べたり、先方企業や得意先からヒアリングすることは、予想以上に手間と費用のかかることです。まして、遠隔地で自社の事業所もないようなところにある企業を調べるのは物理的にも不可能です。

　ここに信用調査機関の利用価値があります。そして、客観的な調査によって思わぬ情報が得られることもあります。

営業担当者の観察とヒアリングの調査の結果と信用調査機関の調査結果を併用して、判断する。

調査機関に依頼を出す際の注意事項

① 調査目的を明確にする

　新規取引のため会社概要を知る必要があるのか、回収が遅延しだしたので、その実情調査と債権保全のため必要なのか、または最近聞いた噂を確認したいためなのか、ポイントを絞って調査目的をはっきりさせることです。

　実際に、調査をする側も依頼者の要望がわかれば調査がしやすく、依頼側は望む情報が入手できるのです。

② 調査依頼者の名は絶対に知られないので安心

　調査員には、依頼者の名が知られないシステムになっているので、安心して調査依頼を出すことができます。場合によっては調査先の企業担当者が推測し、依頼者にカマをかけてくることもありますが、間違っても「いや、じつは当社が調査を依頼しました」などとは言わないことです。調査員が依頼者名を出すことは絶対にありません。

③ 総合評点に、まず注目する

　例えば、某大手調査会社の調査報告には、100点満点で各企業の評点がついています。

　評点の比率は、資金状況（売上高増減・収益状況・支払能力・資金調達力）20％、企業活力（人材評価・得意先・生産販売力・将来性）19％、規模（売上高・従業員数）19％、経営者（経営経験・人物評価・

調査会社の調査レポートを経理部と営業部で読み込む。

第7章　連携力不足対策

納税申告額・不動産所有状況）15%、資本構成（自己資本比率）12%、損益状況 10%、業歴 5 ％です。客観評点と主観評点が、ほぼ半分ずつで構成されています。客観点（売上高、規模など）は調整できませんが、主観点は担当の調査員によってある程度調整できるものです。

　規模が大きく、業歴が長いのになぜか総合評点が低い企業があります。これは主観点で総合評価を下げています。

④ 何もかもを望まないこと

　信用調査も、近年はデータベース化やシステム化が進んでいますが、あくまでも人間が調査するものであることに変わりはありません。調査員の教育は十分になされていると聞いていますが、人間であるからには能力差もあれば、得手不得手もあるでしょう。

　調査報告書にも多少のバラツキがあることは予測できます。何もかもわかるなどと過剰な期待はしないで、あくまでも客観的な調査の資料として活用します。

エピソード＜Ｚ経理課長は、調査レポートを営業と経理でうまく活用している＞

Ｚ経理課長は、毎週月曜日に信用調査会社のレポートを営業担当と経理担当に、与信情報と自分の与信判断のコメントをつけて回覧している。

第8章

完全回収の
１週間
プログラム

1 「初期対応」が完全回収の行方を左右する

　経営者にとって得意先の数と売上が大きくなるのは喜ばしいことですが、同時に売掛金の額も増えてくるため、それに耐えられるだけの資金計画や、万が一、得意先からの支払いが1日でも滞った場合の対策を事前に考えておく必要があります。とくに最近では、インターネットによって相手業者と対面しない取引（DEI：電子商取引）が増えているため、売掛金の管理と完全回収ノウハウに対する重要度が増しています。

　COD（キャッシュオンデリバリー）の得意先は、現金商売なので商品やサービスの提供と同時に代金を手にすることができます。売掛金の入金遅れは、会社の資金繰りを狂わす要因の1つです。企業相手の取引になると代金の支払条件は"商品を先に渡して代金は後払い"になることが一般的なので、得意先から約束されていた日に入金が遅れるということがあります。

　小売業や製造業の場合には、商品の販売代金を次の仕入へと回転させなくてはいけないので、売掛金の額が大きくなるほど資金繰りは苦しくなっていきます。売掛金を現金回収するまでにかかる期間は、各業界によって平均値というものがありますが、業者間取引が主体の卸売業では

債権回収は、早く・多く・確実に

債権回収は、債務者の状況や態度に合わせて適切な手段を選ぶことで早期解決を図ることができる。早く・多く・確実に回収するためには、いくつかの合わせ技で完全回収する。

約70日（例えば、毎月20日締め翌月の31日末日支払い）となります。このケースでは、10月21日に出荷した商品の代金は、11月20日に締めて請求書を出してから12月31日まで現金化できないことを意味しています。

　中小企業庁の統計によれば、全体の95％以上の企業が得意先に対する売掛金（未収金）を抱えていて、売掛金の割合が高いほど資金繰りを銀行借入に頼っている依存率が高いようです。企業の健全性でいえば、売上高に占める売掛金の割合が15％以内であれば安全とみることができますが、常に30％を超えているようだと資金繰りの面で危険水域へと入っていきます。そうならないためにも、売掛金（売掛債権）をできるだけ早期に確実に回収するための対策と手法を考えていく必要があります。「初期対応」が完全回収の行方を左右します。

回収なくして、売上なし

「回収なくして、売上なし」と言われるように、最終的に現金を回収してはじめて本当の売上と言える。営業担当は売っただけではだめで、回収まで責任をもってこそ本物。

コラム

　ブロークンウィンドウ・シンドロームというのがあって、ある治安の よい地域にフロントガラスが壊れた車を置いておいたところ、徐々に車 は解体されて部品が持ち出されていって、ひいては町の治安さえ悪くな ったというような報告がありました。

　この報告をもとにニューヨークでは地下鉄の落書きを消し、犯罪率を 低減させることに成功したとも言われています。綺麗な町並みでも、家 の窓が、1つでも割れてそのままであると、その周りが自然と荒れてき てしまうという心理現象があるようです。

　実は、この心理現象は会社の中でも当てはまります。会社の決めたル ールを破っても放置していると、それを注意し改善を促す習慣ができて いないといつしか会社は荒れていくことになります。

　この考え方を売掛金回収に当てはめて見ましょう。

　お客様からの入金の遅れに対して厳格に対処しないでいるとどうなる でしょうか。回収金額が少額でもその遅れを見逃すと自然と営業組織は 荒れていき、回収率が悪くなります。回収責任は、経理部へ責任転嫁さ れることもあります。

　一方、得意先も1日振込みが遅れても請求の電話が来ないから「ま、 いいか、自社の売掛金は、○○会社にとって重要ではないのか……」と 思います。自社の営業担当者も「あの得意先は資金に余裕があるからこ のくらいの売掛金だったらいつでも払ってもらえるから、電話して催促 することはない……」、また、マネージャーもあの得意先は、当社とは 20年以上の取引先だから心配ない。などと、1つの回収を曖昧な対応で 見逃していると、社内に売掛金回収の重要性が低く見られるようになり 回収率は悪くなります。したがって、少額の売掛金であっても、支払い 日には、完全回収する習慣を社内に浸透させる必要があります。

　先輩社員が「また、A社の振込みが遅れているよ、しょうがないなあ ……。でもまあ、遅れても翌月に今月分もまとめて振り込んでくれるか ら大丈夫……」などと言っていると、若手社員も「そうなんだ……」と 軽く考えてしまうことになる。これは、営業チームとしても会社全体と しても大きな問題となります。

　会社にとってみれば、資金繰りに大きく影響します。そのことを営業 担当者にも理解させる必要があります。

　代金回収にはタイミングが重要です。とくに、支払日に振込みのチェ ックは重要。入金のチェックは、経理部に任せきりにしないこと。売掛 債権を回収してはじめて営業担当者の販売業務は完了するのです。

　売掛金を完全回収している会社の多くは、初期対応が完璧です。とくに、 支払日に未入金が発生したら、速やかに営業担当者と経理部担当者がシ ンクロ（同時化）して対応しています。

第8章 完全回収の1週間プログラム

2 売掛金完全回収のための1週間のアクションプログラム

　本章では、支払期日が経過してからの1週間に絞って、短期決戦での売掛金回収の社内体制のあり方を実務的にまとめました。完全回収のための進め方を時系列に把握しておくことが必要です。

 ### 支払期日（当日・1日目）にやるべきこと

(1) 支払期日（当日・1日目）にやるべきこと

ステップ	経理	営業	取り組み内容	伝票・帳票
1	○		請求一覧表、売掛金元帳、得意先元帳から支払期日（当日）の入金リストをパソコンより出力する。	売掛金一覧表
2	○	○	支払日の当日、支払いが遅れそうな不安のある得意先には、朝の段階で得意先の営業担当者に電話をする。振込みの確認をする。請求書が未達か否かの確認をする。請求書未達であれば再発行を経理に依頼する。	売掛金一覧表
3	○		普通預金、当座預金通帳を記帳する。ネットバンキングで入金状態をチェックする。	預金通帳
4	○		売掛金元帳と売掛金一覧表、各預金通帳と照合する。	預金通帳
5	○		16時〜17時に営業部門の営業担当者別に入金・未入金のリストをマネージャーを通じて配布する。	入金・未入金一覧表

6	○	○	社内の「与信管理規程」の内容の中で、緊急時の措置を経理と営業で再度確認し、事後の進め方を検討する。	与信管理規程
7	○	○	得意先との取引条件を再度「新規取引開始認可申請書」で確認する。再度、得意先のホームページの存在、住所、代表者を確認する。	新規取引開始認可申請書

1日目の夕方にやるべきこと

（2） 1日目の夕方にやるべきこと

1		○	入金・未入金一覧表をもとにして未入金先の得意先の経理部門に電話をする。時間外の振込扱いになっているのか否かを確認する。原因を具体的に聞きだす。	時間外扱い翌日入金を入金・未入金一覧表に記載
2	○	○	営業担当者によって確認された未入金状況を経理部に提出して、翌日にチェックを依頼する。振込遅延の理由を記載する。状況をマネージャーに報告する。	振込遅延理由書
3		○	翌日、振込みが無かったときに備えて売掛金の未入金分析チャートで対策を検討する。	未入金分析チャート
4		○	入金遅れの得意先は、出荷一時停止の連絡を配送係、倉庫係に伝達する。	出荷一時停止連絡表
5		○	未入金分析チャートに基づいて不備のある資料を準備して明日に備える。	売買契約書、個別契約書
6		○	支払能力があるが、他社を優先的に支払いしている得意先は、翌日会社訪問の約束を取り付ける。	
7	○	○	「領収書」の発行依頼、集金の準備を行なう。	領収書

199

2〜3日目にやるべきこと

(3) 2〜3日目にやるべきこと

ステップ	経理	営業	取り組み内容	伝票・帳票
1		○	未入金分析チャートに基づいて、得意先が売買契約や取引条件に関して十分に理解していない場合は基本取引契約書を説明する。または、基本契約書を締結していない場合は、契約締結を依頼し、取引条件を納得していただく。	売買契約書 個別契約書 領収書
2	○		今まで入金の遅れがなく100％の支払実績のあるところの得意先は、何らかの変化があり今回顕在化した可能性もあるので、民間の信用調査機関に調査を依頼する。	調査依頼書
3		○	集金の約束が取れた所は、約束の30分前現地に到着し、得意先の様子を観察する。	領収書
4		○	集金に行っても不在の場合には、「債務残高確認書」に記名捺印をいただき、得意先の担当者の居場所を確認する。捺印が貰えないときは、返信用封書と債務残高確認書を事務担当者に渡してくる。	債務残高確認書 返信用封書・切手
5		○	遠隔地ですぐに訪問ができない得意先については、翌日も電話をして「本日、お振込みをよろしくお願いします」と強く依頼する。この時、「取引の同時履行の抗弁権」（前回の納品代金をお支払いいただけないときは次の出荷は停止する権利）を行使できる。	出荷停止連絡表

6		○	遠隔地の得意先にも、「債務残高確認書」と督促状「早くお振り込みください」等の内容を郵送し、「債務残高確認書」を返信してもらうようにする。	債務残高確認書 督促状
7	○		経理担当者は、支払日の時間外入金の状況を確認し、入金あれば売掛金一覧表に入金済印を押印して営業担当者に報告する。	売掛金一覧表
8		○	営業担当者は、入金の確認ができたことを得意先に伝える。	
9		○	「債務残高確認書」が返信されて来たかを確認する。返信が無いようであれば、電話をして返信を促しさらに入金を促す。	売掛金一覧表
10		○	自社と「基本取引契約書」が締結されている場合、期限利益の喪失条項が発動して即時に現金で支払いを申し受けられる旨を伝え、振込みの予定を確定する。	基本取引契約書

4～6日目にやるべきこと

（4） 4～6日目にやるべきこと

ステップ	経理	営業	取り組み内容	伝票・帳票
1	○		経理担当者は、未入金得意先について入金のチェックを行ない、入金があれば営業担当者へ通知する。	売掛金一覧表
2		○	入金率100％の得意先で支払いが遅れているところは、4日目になっても入金が無い得意先については、督促状を準備して16時に郵便局のポストに投函する。督促状を送った得意先を経理に知らせる。	督促状
3	○	○	経理は、優良な得意先（回収率100％）のところで今回の振込遅れの信用調査結果を分析し、対策案を立てる。その後、営業マネージャー、営業担当と個別具体的な対策案を立てる。	調査報告書
4		○	5日目に振込みが無い得意先には、電話をかけて支払準備の状況を確認する。この間は、出荷停止の状態であることを告げる。支払準備に極めて積極的ではない得意先、支払いを自社よりも他社に優先に支払っている得意先には、催促状を郵送する。	催促状
5		○	5日目になっても入金のない得意先で基本取引契約書が締結されている得意先は、この段階で契約は解除とする。解除にともない商品の引き揚げの準備を行う。商品の引き揚げの条件は、納品時に商品の所有権が買主に移転してない場合に注意が必要。	基本取引契約書 商品引き揚げのための在庫一覧表

6		○	代金の支払いの目処がつかない得意先については、得意先の商品を購入して買掛債務を作る準備をする。後日、債権と債務を相殺するための準備。	相殺目的の買掛債務発生予定表
7		○	いざに備えて優良な債権譲渡先を探しだし、今の段階から債権譲渡先の担当者と信頼関係作りの準備を始める。	譲渡先一覧表
8		○	現金で支払いができない場合を想定して、集金時、訪問時に代物弁済に値する「動産（書画・骨董・貴金属）」を得意先に自慢話をさせながら記録しておく。支払いの意思の確認を取り付ける。	動産一覧表 支払計画書
9	○	○	５日目が過ぎても振込みが無い場合は、配達証明付きの内容証明郵便の手配を行ない郵送する。	内容証明郵便（郵便局）

7日目にやるべきこと

（5）7日目にやるべきこと

ステップ	経理	営業	取り組み内容	伝票・帳票
1	○	○	7目で振込みがない場合は、得意先との間に自社に支払債務がある場合には、通知だけで完了する「相殺」を行う。	相殺明細書
2	○	○	振込みの依頼をしても応じてもらえない得意先については、代物弁済を申し出る。売掛金残高に十分に見合う動産品の提供を強く訴える。	動産一覧表
3		○	売掛金としては、支払いができない場合、売掛債権を貸付債権に変換する。得意先の代表者と連帯保証人2名を立ててもらい「金銭準消費貸借契約書」を締結させて36回〜60回で全額回収する。貸付の利息も合わせて支払いしやすいように長期貸付金に変えて弁済を促す。	金銭準消費貸借契約書
4		○	振込みが無いので集金に行っても「無い袖は触れない」の状態のときは、「1円領収書」を持参して、1円であれば所持していると思われるので、1円を受領して領収書を発行する。領収書の但書きには、本日、売掛金○○○万円のうち1円を領収しましたと記載する。支払いの意思の確認をさせることができ、債権の時効を中断することもできる。	1円領収書

第8章　完全回収の１週間プログラム				
5		○	なかなか連絡の取れない得意先は、商業登記簿謄本の代表者と取締役の住所を調べて、内容証明郵便を郵送する。また、会社や自宅の近くの住民に聞き込みを行い、行方を調査する。	商業登記簿謄本 内容証明郵便
6		○	基本取引契約書がある場合、支払いの遅れは「著しい経営の悪化」と見なされるので、自動的に契約は解除となる。この段階では、債権譲渡先から当月分の支払いを求める。倒産の段階ではないが、支払状態の悪化は危険信号である。得意先のお客様からの回収を実施する。他の債権者も動き出すので慎重に確実にことを進める。	契約解除の書類 債権譲渡契約書 債権譲渡通知書
7	○	○	物的担保および人的担保の準備を行う。物的担保は、金融機関の抵当権が設定されているので、経営者の個人保証とその身内、役員の連絡保証を取る。	物・人の担保設定書類

あとがき

　モノやサービスを販売しただけでは実質的利益は出ません。相手から代金が回収され現金化したときに出るのです。ただ、売り込んであとは知らないでは一人前の営業担当者ではありません。営業担当者は代金の確実な回収に責任をもってこそ一人前といえるのです。（実質的な回収手続きは別としても）売りっぱなしの営業担当者の多い会社は焦げ付きが確実に増えています。

　日常、本書に掲載の営業担当者が心掛けるべき売掛債権の完全回収のためのチェックポイントを再度確認してください。
　営業担当者自らが得意先の信用調査を行い「危ない得意先には売り込まない」を日頃から意識してください。

　営業活動は「販売・納品・代金回収・利益確保」のステップをふみ、それが連続して行なわれます。この間、代金回収に齟齬（そご）が生じ焦げ付けば、自社の利益と資金繰りが圧迫され支障となります。「販売なくして経営はなく、回収なくして利益はなく、利益なくばやがて経営は衰退し、果ては倒産にも至ります」。このことを、社長から経営幹部、管理部門長、営業部門長、営業担当者までが肝に銘じ、経営努力をしてこそ、会社は成長発展の基礎ができるといえます。本書がその参考にしていただければ幸いです。

　最後になりましたが、本書を出版させていただいたロギカ書房の橋詰様、熱い気持ちで編集、デザイン、印刷をしてくださった皆さん、そして企業研修やセミナーでご相談をいただいた皆さんに心より感謝いたします。

小野寺　勇史郎

【著者プロフィール】

小野寺 勇史郎（おのでら ゆうしろう）

株式会社エキスパートナーズ代表・講師

明治大学商学部商学科卒業後、大正海上火災保険株式会社（現在：三井住友海上火災保険）入社。株式会社日本コンサルタントグループ人材マネジメント研究所の部長・室長コンサルタント歴任。2007年3月株式会社エキスパートナーズ設立し現職。

2018年5月一般社団法人ジャパンコンサルティングネットワーム会長現職。

資格：社団法人全日本能率連盟認定マスター・マネジメント・コンサルタント、産業カウンセラー、中小企業診断士、宅地建物主任者。税理士試験（5科目）に合格後、当時の会社規程により税理士未登録。

学会：日本産業カウンセリング学会・会員、日本在宅医療学会・会員、組織心理学会・会員

著作：「セールスマン実践テキスト（基本編）」共著（日本コンサルタントグループ、「売掛金完全回収の実務」（日本実業出版）「イザに備える実践管理マニュアル」共著（日本実業出版）、「売掛金完全回収のルールと習慣作り」（中経出版）、「売掛金管理と完全回収の進め方」（ジャパンプレジデントネットワーク）、「こんな営業マネージャーになりなさい」共著（清文社）「大倒産時代！危ない得意先の見分け方」（中経出版）、「取引先の与信管理　売掛金の完全回収」（すばる舎リンケージ出版）、「営業社員の売掛金管理　与信と評価の実務」全国地方銀行の店頭用冊子（西北社）、「月間企業実務　営業マンのための信用調査の進め方（連載）」（日本実業出版）

現在、金融機関・商工会議所・法人会でのセミナー講師、企業研修で販売管理・財務管理業務知識の講師。医療機関において事務長・医事課スタッフ向けの医療費の未収金回収の実務研修。営業担当者と信用調査の現場指導。受けた仕事は断らないので年間180日を超えるコンサルティング、セミナー、研修、講演等で全国でとびまわっている。

独自のビジネスコーチングの手法および研修教材を開発し、売掛金の完全回収システム商品の開発に努める。一環して中堅中小企業の経営者の立場で、営業担当者の現場で極めて独自の実務的な指導（泥臭い指導）に定評がある。

・お問い合わせ：（株）エキスパートナーズ
 onodera.yushiro@expertners.co.jp
 URL：https://expertners.co.jp/index.html

売掛金完全回収　実務と与信ルール

発行日　2019年10月20日

著　者　小野寺　勇史郎

発行者　橋詰　守

発行所　株式会社　ロギカ書房
　　　　〒101-0052
　　　　東京都千代田区神田小川町2丁目8番地
　　　　進盛ビル303号
　　　　Tel 03（5244）5143
　　　　Fax 03（5244）5144
　　　　http://logicashobo.co.jp/

印刷・製本　藤原印刷株式会社
©2019　Yushiro Onodera
Printed in Japan
定価はカバーに表示してあります。
乱丁・落丁のものはお取り替え致します。
無断転載・複製を禁じます。
978-4-909090-31-7　C2034